65

天

历史每天都精彩

CIP）数据

发财著．-- 长沙：岳麓书社，2024.11. -- ISBN 978-7-5538-2162-7

CIP 数据核字第 2024VE9617 号

JINRI JI JIAN SHI

今日极简史

著　　者：张发财
出 版 人：崔　灿
出版统筹：马美著
责任编辑：陈文韬 肖　航
责任校对：舒　舍
营销编辑：谢一帆 唐　睿 向媛媛
书籍设计：杨　盟

岳麓书社出版发行
地址：长沙市岳麓区爱民路 47 号
承印：长沙鸿发印务实业有限公司
开本：787mm × 1092mm 1/24　印张：17　字数：200 千字
版次：2024 年 11 月第 1 版　印次：2024 年 11 月第 1 次印刷
书号：ISBN 978-7-5538-2162-7
定价：118.00 元

如有印装质量问题，请与本社印务部联系
电话：0731-88884129

今日极简史

张发财讲历史上的今天

著

图书在版编目
今日极简史
I . K209
中国国家

岳麓書社

使用说明

1. 本书不是专业历史研究书籍，您可以视其为休闲书籍或文学读物，建议在马桶上、交通工具上阅读，在饭局上、聚会中谈论。

2. 本书史料虽主要来自正史、回忆录、史料笔记、学术专著等资料，但因来源繁杂，或有多种不同观点，如和史实有出入，敬请谅解。

3. 文中出现的部分语句段落，乃作者虚构或演绎，为博诸君一笑，请千万不要当真。

4. 文中对所涉人物、事件的观点仅代表作者本人，请不要和作者一般见识。

清 佚名 十二月月令图①

今日极简史

1 月

今日极简史

1月1日

《资治通鉴》成书

记录下今天的你

元丰七年十二月戊辰（1085年1月1日），司马光上报朝廷：“《资治通鉴》书成也。”

此书从周威烈王二十三年（前403）起，至五代后周世宗显德六年（959）止，共294卷，计300万字，前后六套写作班子，创作时间长达19年。

中国史书主要有以下几种：一是编年体，如《资治通鉴》《春秋》；二是纪传体，“二十四史”几乎都是；三是国别体，如《国语》《战国策》；四是纪事本末体，如《资治通鉴纪事本末》。行笔至此不得不感慨刘慈欣厉害，一个人就完成了“三体”。

○开宝八年十一月乙未（976年1月1日），南唐灭国，后主李煜被俘。

○嘉庆十八年十二月癸卯（1814年1月1日），洪秀全出生。

今日极简史

1月2日

记录下今天的你

公历纪年

1912年1月2日，孙中山通电全国：中华民国改用阳历，以黄帝纪元四千六百零九年十一月十三日（公历1912年1月1日），为中华民国元旦。中国从此开始实行公历纪年。按这一规定，农历新年就废掉算了，但民间不买账，坚持过农历新年。

1914年，北京政府内务部顺应民情，向袁世凯递交呈文："拟请定阴历元旦为春节。"袁世凯批准。于是，过去的"元旦"改名叫"春节"，中国从此有了两个新年。为什么元旦冷清，春节热闹？有一个很恰当的比喻——元旦是领证，春节是摆酒。

○天显十一年闰十一月壬申（937年1月2日），耶律德光与石敬瑭结拜为父子，石敬瑭成为中国历史上著名的"儿皇帝"。是年耶律德光35岁，石敬瑭45岁，儿子比爹大十岁。

今日极简史

1月3日

李林甫病逝

天宝十一载十一月丁卯（753年1月3日），唐朝奸相李林甫病逝。

晚年的李林甫知道自己结怨太多，怕有刺客杀他，出门时安保工作极其严密，步骑百余人随其左右，并让金吾卫在前面清街，王公卿士都要回避。李林甫家里重门复壁，怕有人挖地道杀他，就用石头砌地，墙中置板，如临大敌。最夸张是一个晚上要多次转移住处，连家人都不知道他住在哪里。但是，知道他睡在床上的位置，一定是右边，因为“菩萨保右”。

记录下今天的你

○永昌元年闰十一月己丑（323年1月3日），晋元帝司马睿崩于内殿。

○嘉庆三年十一月十七日（1798年1月3日），文学家、美食家袁枚去世。

记录下今天的你

《太平御览》

太平兴国八年十一月庚辰（984年1月4日），宋太宗赵光义命史馆把写好的《太平总类》每天送进三卷。因为是给皇帝看的，所以把《太平总类》改名为《太平御览》。

宋琪问：“每天看这么多，不累吗？”赵光义说：“开卷有益，不为劳也。此书千卷，朕欲一年遍读。”因此创造出一个成语——“开卷有益”。赵光义最后看没看完？不清楚。不过，赵先生因为读这套书，睡眠质量有了显著提高。

○熙宁九年十二月初七（1077年1月4日），神宗第六子哲宗赵煦生于宫中。

今日极简史

1月5日

戚继光逝世

万历十五年十二月壬戌（1588 年 1 月 5 日），抗倭名将戚继光逝世。

民间传说戚继光怕老婆，确实如此，据《孟诸戚公墓志铭》记载，戚大将军怕老婆到了令人崩溃的程度，老婆生不出孩子，他偷着纳妾，结果事发，战战兢兢去见老婆，怕老婆砍死自己，又转回屋穿好盔甲再去，果然老婆持刀而立。大将军“号咷而诉祖祢”，吓得号啕大哭。

怕老婆的名人还有房玄龄、沈括、索额图等，这些人的朋友都知道他们有荨麻疹，经常把自己挠得伤痕累累。

记录下今天的你

○万历十四年十一月二十七日（1587 年 1 月 5 日），旅行家徐霞客出生。

今日极简史

1月6日

记录下今天的你

《大明律》

洪武六年闰十一月庚寅（1374年1月6日），颁定《大明律》。

朱元璋做了皇帝后，觉得施行了几百年的《唐律》不适应时代，于是打算弄一部超过《唐律》的《大明律》，让明朝走向巅峰。可兜兜转转一大圈，就是造不出比《唐律》更好的，只能在《唐律》的框架下补充。因此出现了一条奇葩刑罚，《大明律》“骂詈”八条中规定：“凡骂人者，笞一十；互相骂者，各笞一十。”骂人的打十板子，两人互骂各打十板子。法律虽好，但怎么界定？听起来像夸人，其实是骂人的话怎么办？譬如：“你女朋友这么漂亮，你家里应该特有钱吧？”

○咸安元年十一月己酉（372年1月6日），司马昱以皇叔祖父的身份，继承了自己的侄孙司马奕的皇位，成为晋朝第八位皇帝。

今日极简史

1月7日

李昪出生

记录下今天的你

光启四年十二月初二（889 年 1 月 7 日），南唐开国皇帝李昪生于彭城。

李昪的人生经历和朱元璋高度相似，同样是安徽人，同样幼年父母双亡，同样在泗州、濠州一带流浪，同样当过和尚。两人的机遇也相似，朱元璋娶了军阀郭子兴义女，李昪则做了军阀徐温的养子。甚至连都城都一样，都在南京。高度相似的两个人见面会怎样？不能见，一见都没了，连连看嘛。

○嘉靖二年十二月初二（1524 年 1 月 7 日），唐伯虎去世。

今日极简史

1月8日

记录下今天的你

苏东坡出生

北宋元丰五年（1082），苏东坡在黄州赤壁矶举办46岁生日宴。据《李委吹笛（并引）》记载："元丰五年十二月十九日，东坡生日也。"以此推算，苏东坡出生于宋仁宗景祐三年十二月十九日（1037年1月8日）。《归潜志》说："昔东坡生，一夕眉山草木尽死。"按此推测，苏先生应为李毅转世，"帝吧出征，寸草不生"嘛。

○光熙元年十一月庚午（307年1月8日），晋惠帝司马衷驾崩。

今日极简史

1月9日

文天祥就义

至元十九年十二月乙未（1283 年 1 月 9 日），文天祥就义。

实际上三年前文丞相便被捉住了。忽必烈一直想让他投降，文天祥就是不降，忽必烈说：“你名字里明明有‘祥’，怎么就不降呢？”文丞相说：“少跟我玩谐音梗，你杀了我得了。”忽必烈舍不得，一直拖到第四年，广东中山有人冒充宋朝皇族后裔，率众造反说要抢回文丞相。文丞相已经成为了政治隐患，忽必烈只得下令杀了文天祥。行刑当天，围观者数万人，文丞相临刑前向南方下拜，从容赴死。忽必烈叹曰：“好男子，不为吾用，杀之诚可惜也！”

记录下今天的你

○泰始元年十二月丙寅（466 年 1 月 9 日），南朝宋太宗刘彧即位。

○开元十四年十二月十三日（727 年 1 月 9 日），唐代宗李豫生于东都上阳宫。

○嘉靖七年十一月二十九日（1529 年 1 月 9 日），心学大师王阳明病逝。

记录下今天的你

元宪宗蒙哥出生

元太祖三年十二月初三（1209年1月10日），拖雷的长子出生。黄忽答部有一个通晓天象的人说这孩子以后一定会大贵，因此取名叫蒙哥。“蒙哥”是“长生”之意。“黄忽答部”应该叫“黄忽悠部”，1259年，50岁的蒙哥在合州钓鱼城下重伤而死。

蒙哥父亲的名字“拖雷”意为镜子。拖雷的四个儿子——蒙哥、忽必烈、旭烈兀和阿里不哥都做了皇帝，因此，拖雷又被称为Steve（四帝父）。

○黄龙元年十二月甲戌（前48年1月10日），汉宣帝刘询崩于长安未央宫。

今日极简史

1月11日

金田起义

记录下今天的你

道光三十年十二月丁卯（1851年1月11日），洪秀全38岁生日当天，万众齐集犀牛岭，金田起义爆发。

这天的祝寿庆典兼誓师大会让人忍俊不禁，天国管理层认为清朝官服是“妖服”，当然不会穿，但又不清楚大汉官服如何，于是抢戏班子的戏服作官服。上行下效，太平军占领城市后第一件事就是找戏班子抢行头，“初入城时，曾掳戏班中衣服穿着”，抢到背后插满旗那种最高兴，这叫“Flag立得飞起”。

○政和二年十二月二十二日（1113年1月11日），王重阳出生。

今日极简史

1月12日

保甲法

熙宁三年十二月乙丑（1071年1月12日），北宋政府正式推出“保甲法”，以民兵制代募兵制。每户有两个男丁以上，出一人为保丁。十家一保，五十家一大保，五百家一都保。闲时军训，战时为兵，平常做保安。既节省了军费，又建立了严密的地方治安网，真可谓“富国强兵”也。

想法丰满，现实骨感。神宗末年，“诸路盗贼蜂起，皆保甲为之，本欲御寇，乃自为寇”。搬石头砸了自己的脚，“保甲法”成“保脚指甲法”。

记录下今天的你

○同治十三年十二月甲戌（1875年1月12日），同治皇帝爱新觉罗·载淳崩于养心殿。

今日极简史

1月13日

外籍皇后

记录下今天的你

元至正二十五年十二月乙卯（1366年1月13日），元顺帝立第二皇后奇氏为正宫皇后。

奇皇后出身高丽贵族，以高丽贡女身份入元宫，为元顺帝生下两个儿子。元顺帝很喜欢她，但因为她是外邦异族女，不能成为皇后。奇氏退了一步，当不成皇后就当太后，让老公退休儿子上。顺帝比她还有想法，说："你想当皇后，改个蒙古名不就行了！"于是"赐奇氏姓肃良合氏，改蒙古名为完者忽都"。奇女士夙愿得偿，成为中国历史上唯一一个外籍皇后。这便是："奇"变"偶"不变，皇后得上线。

○天统四年十二月辛未（569年1月13日），北齐太上皇帝武成帝高湛驾崩。
○宝历二年十二月乙巳日（827年1月13日），唐文宗李昂即位。
○景德元年十二月庚辰（1005年1月13日），宋、辽签订澶渊之盟。

记录下今天的你

垂帘听政

同治十三年十二月丙子（1875年1月14日），两宫皇太后慈禧和慈安垂帘听政。

清朝垂帘听政有两个地点，一是养心殿东暖阁，二是《翁同龢日记》所说的养心殿明间。房间东侧设两排座位，皇帝坐前排，太后坐后排，中间用黄幔相隔。

有人盘点过皇后参政的名声，大概如下：武则天＞吕后＞慈禧，越在明面上掌权名声越好，越不露脸名声越不好。这一点，除了电台DJ不太同意，其他人基本都同意。

○元光二年十二月庚寅（1224年1月14日），金宣宗完颜珣崩。

今日极简史

1月15日

王莽建立新朝

刘邦起事途中，遇白蟒拦路碰瓷，将其一刀斩成两断。民间传说，被斩为两截的白蟒不服，转世为王莽，将四百年大汉也斩为两半，上半截是西汉，下半截是东汉。

初始元年十二月癸酉朔（9年1月15日），54岁的王莽登基称帝，改国号“新”，年号“始建国”。西汉就此结束。若刘邦当年镇关西附体，将这白蟒细细剁成臊子，那汉朝便不是两集，而是连绵不绝的电视连续剧《乡村爱情》了。

记录下今天的你

○建平元年十二月初六（前5年1月15日），汉光武皇帝刘秀出生。

今日极简史

1月16日

记录下今天的你

鉴真东渡

鉴真一行前后历时十年，六次启行东渡日本，五次失败，天宝十二载十二月乙酉（754年1月16日），鉴真终于实现了毕生的宏愿，“舟着萨摩国阿多郡秋妻屋浦”。

鉴真带去日本的除了佛经，还有酱油酿造术和豆腐制作术。此外还带去了高端的医学技术，据《续日本纪》记载，日本朝廷拿出各类药物请鉴真甄别。鉴真通过鼻嗅、口尝加以品定，一无错失。笔者推测这些药物分别是：板蓝根，兑水的板蓝根，过期的板蓝根……

○保宁三年十二月己丑（972年1月16日），辽圣宗耶律隆绪出生。

今日极简史

1月17日

《敕勒歌》

记录下今天的你

武定四年，东魏权臣高欢率兵十万进攻西魏，战事不顺，军中谣传高欢中箭将亡。十二月己卯（547 年 1 月 17 日），高欢带病设宴，平息谣言以振军心。为活跃气氛，宴会上演奏了一首新曲子，“使斛律金作《敕勒歌》，神武自和之”。传唱千古的“天苍苍，野茫茫，风吹草低见牛羊”就在今天出世了。

我幼年时觉得这地方的草长得可真高啊，后有人解惑说，这是人躺在草原上望天，所以“天似穹庐，笼盖四野”，所以才“风吹草低见牛羊”。既然是躺着写的，这作者很可能是我女儿，作为“躺平新一代”，人是铁，床是磁铁，这小玩意永远起不了床。

○光绪三年十二月乙未（1878 年 1 月 17 日），青帮风云人物陈其美出生。

今日极简史

1月18日

宋钦宗登基

记录下今天的你

宣和七年十二月，宋徽宗见金兵打到边境，不想背负亡国罪名的他叫儿子赵桓接班。儿子“泣涕固辞”。徽宗手段更高，“忽气塞不省，坠御床下”，“嘎”一声昏过去了，醒来开始半身不遂，说：“吾已无半边也，如何了得大事。”儿子无奈，只得接班。

庚申（1126年1月18日），赵桓即位于福宁殿，北宋最后一个皇帝登场。徽宗的半身不遂，忽然就好了。爹装病没办法，孩子装病我有良方，不给手机只给开水，灌得她像个海胆，自然痊愈。

○元兴二年十二月二十日（404年1月18日），后燕昭文帝慕容熙立苻训英为皇后。

今日极简史

1月19日

纳兰性德

顺治十一年十二月戊辰（1655年1月19日），清朝著名词人纳兰性德出生。

纳兰先生之所以走红，有以下几个原因：一是家世好，其父明珠是礼部尚书，又与皇室沾亲带故；二是功名高，他是康熙十五年进士；三是感情生活丰富，他娶了三个老婆，个个爱得死去活来；四是作品通俗，受过九年义务教育便能读懂他的词，适合文青无病呻吟；五是名字自带光环，纳兰性德，一股清新败火的病态美，建议他干脆把“德”换成“感”算了。

记录下今天的你

○庆历八年正月辛未（1048年1月19日），西夏开国皇帝李元昊被儿子刺杀身亡。

○顺治十三年十二月己卯（1657年1月19日），册内大臣鄂硕女董鄂氏为皇贵妃。

记录下今天的你

改“年”为“载”

天宝三载正月丙申朔（744 年 1 月 20 日），唐玄宗改“年”为“载”。

先秦时期，“年”有四种称呼，《尔雅》云：“夏曰岁，商曰祀，周曰年，唐虞曰载。”“唐虞”便是尧舜两帝并称，玄宗改“年”为“载”，应是自比尧舜。直到至德三载二月丁未（758 年 3 月 18 日），唐肃宗李亨觉得不好意思，又将“载”改回“年”。这 14 年里，“年”都称为“载”，除了“老年人”改成“老载人”听起来像是不良商贩，其余没什么不妥。

○嘉祐四年十二月乙亥（1060 年 1 月 20 日），南宋抗金名将宗泽出生。
○元丰二年十二月庚申（1080 年 1 月 20 日），苏轼被贬为黄州团练副使。
○大定二十九年正月癸巳（1189 年 1 月 20 日），金世宗完颜雍崩于福安殿。

今日极简史

1月21日

北魏开始汉化

北魏太和十年正月癸亥朔（486年1月21日），北魏孝文帝拓跋宏上朝开始穿戴汉族皇帝的礼服和冕旒。

与北魏孝文帝不太一样，700多年后的同一天，大定二十七年十二月戊子（1188年1月21日），金世宗完颜雍下令女真人不得改称汉姓、学南人衣装，犯者抵罪。女真人为什么喜欢汉服？是因为金的服装过于粗犷野性，《三朝北盟会编》说就是一件没有任何装饰的兽皮。那么，改穿汉服会不会好点？好不到哪去。服装搭配最重要、最关键、最核心的是：脸。脸不好看，穿啥都没人看。

记录下今天的你

○天保二年十二月己酉（552年1月21日），东魏孝静皇帝元善见殂，时年二十八。

今日极简史

1月22日

记录下今天的你

海瑞升官记

明武宗正德八年十二月二十七（1514年1月22日），海瑞出生于广东琼山县左所。

海瑞是官场上的另类，他做领导，手下根本没有机会贪腐，因此出现了哭笑不得的神操作：他做浙江淳安知县时，下属齐心合力想赶走他。但是他没黑材料，怎么办？只有升官调走这一条路。于是，下属们掏钱给他买官，万众一心地为海瑞跑官。

苍天有眼，海瑞终于升为五品的嘉兴通判，但是还没赴任便改为兴国州判官。怎么回事？原来嘉兴那边得知消息后，万众一心，抢在海瑞赴任前给他跑出了一个新官。

○金大定十年正月初四（1170年1月22日），王重阳去世。

今日极简史

1月23日

明朝立国

记录下今天的你

至正二十八年正月乙亥（1368年1月23日），吴王朱元璋称皇帝，定有天下之号曰大明，建元洪武。

为什么叫“明”？朱元璋及其子孙都未做说明。有人猜测明朝国号出自《易经》“大明终始，六位时成”，以对应元朝国号“大哉乾元”，取元而代之。沿袭前朝元的取名思路，以《易经》为象的可能性比较大。当然，最热门的是金庸的解读：朱元璋依靠“明教”起家，因此用“明”做国号。更有人脑洞大开，说朱元璋就是张无忌的化名，“诛元者张”。张无忌改姓朱，一是诛元，二是纪念蛛儿。

○开皇十八年十二月戊午（599年1月23日），唐太宗李世民出生。

○贞观元年正月朔（627年1月23日），唐太宗李世民改年号为“贞观”。

○嘉靖四十五年十二月庚子（1567年1月23日），嘉靖帝朱厚熜去世。

记录下今天的你

贺知章退休

天宝三载，大病初愈的贺知章奏请回乡当道士，唐明皇准奏，正月初五（744 年 1 月 24 日）下诏在京城东门为之饯行，明皇又写诗两首赠予贺道士。

这次回乡，贺道士写下了《回乡偶书二首》，其中一首是这样的：“少小离家老大回，乡音无改鬓毛衰。儿童相见不相识，笑问客从何处来。”灵感据说来自堵车，这次堵得很，正月初五春运高峰，堵车竟堵成了灵车，“未几病逝，年八十六”。

○永徽五年十二月癸丑（655 年 1 月 24 日），倭国献琥珀、玛瑙，琥珀大如斗，玛瑙大如五斗器。

今日极简史

1月25日

契丹文字

神册五年正月乙丑（920 年 1 月 25 日），“始制契丹大字”。

契丹大字约三千，与汉字类似。契丹贵族都会汉文，所以懒得用。阿保机要面子，国家不用自己的文字不像话，于是又进行改革，再创制契丹小字——用汉字笔画表音，再将这些表音文字合在一起。大小契丹文长得都像汉字，所以看契丹文字就像宝黛初会——“这个妹妹我曾见过的”。更像看相对论，每个字都认识，通篇读下来一句不懂，高深玄奥、不明觉厉。

记录下今天的你

○治平四年正月丁巳（1067 年 1 月 25 日），宋英宗崩于福宁殿。
○嘉庆九年十二月庚辰（1805 年 1 月 25 日），刘墉逝世。

今日极简史

1月26日

记录下今天的你

黄巢称帝

广明元年十二月十三日（881 年 1 月 16 日），黄巢建国称帝，国号大齐。

黄巢宣赦的时候有趣，这个盐贩子玩拆字游戏，说：“唐僖宗李儇把年号改为‘广（廣）明’，是唐字去掉‘丑’和‘口’，在里面放个‘黄’字，‘广（廣）明’便是‘黄家日月’也，天意让我黄家接盘做下家。”说完觉得自己又机智又有文化。

“广（廣）明”这个年号确实备受非议，《册府元龟》说唐僖宗李儇也意识到这一点，“谓广（廣）在唐脚之下而有日月，非其祥也”，所以第二年改元为“中和元年”。还是拐了弯，叫“治安科元年”多好，扫黄更彻底。

○开禧元年正月癸亥（1205 年 1 月 26 日），宋理宗赵昀出生。

○嘉定二年十二月二十九日（1210 年 1 月 26 日），宋朝诗人陆游逝世。

今日极简史

1月27日

“莫须有”

记录下今天的你

绍兴十一年十二月癸巳（1142年1月27日），岳飞赐死于大理寺。

岳飞最主要的罪名是部下张宪与儿子岳云通信密谋造反。太傅韩世忠说证据不足，难以服众。秦桧说其事体“莫须有”。这“莫须有”不是“不需要有”，意思是“或许有”“难道没有吗”。韩世忠当然不服，固争之。秦桧发现跟老韩说不明白，干脆扔出一句更不明白的：Facebook——飞死不可。好在波及面不太大，只杀了岳云，若像方孝孺连带朋友“诛十族”，德云社要损失一员大将，是的，岳云的朋友，“岳云朋（鹏）”。

○至大四年春正月庚辰（1311年1月27日），元武宗崩于玉德殿。

○康熙二十六年十二月己巳（1688年1月27日），康熙的奶奶孝庄太后辞世。

今日极简史

1月28日

金朝建国

政和五年（辽天庆五年，金收国元年）正月壬申朔(1115年1月28日)，完颜阿骨打建立金朝。

当时北方是辽的天下，契丹语“辽”的意思是铁，阿骨打认为铁虽然坚硬，但会生锈，而金永远灿烂，于是定国号为大金。

阿骨打把铁设定为自己的敌人，国号叫“锤子”岂不更直接？顺便再把自己的名字改成“完颜阿骨打铁”，岂不更完美？

记录下今天的你

○义熙十四年十二月戊寅（419年1月28日），晋安帝司马德宗被权臣刘裕暗杀，时年三十七。

今日极简史

1月29日

记录下今天的你

老子诞辰

开成五年（840）唐武宗上位，规定每年“二月十五日玄元皇帝（老子）降生日宜为降圣节，休假一日”。

胡适推测老子生于公元前570年，这年二月十五日为公历1月29日。

不过，关于老子的出生年份一直有争议，所以历朝历代总说这事，于是诞生了成语——老生常谈。

○黄龙元年十二月癸巳（前48年1月29日），皇太子刘奭继位，是为汉元帝。

○永徽五年十二月戊午（655年1月29日），武则天在祭拜唐太宗昭陵途中生下皇子李贤。

○契丹神册三年十二月甲子（919年1月29日），辽世宗耶律阮出生。

今日极简史

1月30日

记录下今天的你

安禄山被杀

安禄山称帝之后，性情变得更多疑，打算立其妾生下的安庆思为嗣，取代嫡子安庆绪的地位。安庆绪得知后，便与宦官李猪儿密谋。至德二载正月乙卯（757年1月30日），安庆绪放风，李猪儿执刀入帐弑杀了安禄山。这是一次名副其实的“坑爹”——安庆绪在安禄山的床下挖了个坑，把安禄山埋了。

“安史之乱”的主角都是被儿子干掉的：安庆绪杀安禄山，史朝义杀史思明。而唐肃宗李亨摆平动乱后，也让玄宗退位去做太上皇。这三个“坑爹”事件都是一次性的，长期稳定的“坑爹”事件是——我教会了我妈网购。

○康熙元年十二月辛酉（1663年1月30日），命吴三桂总管云南、贵州两省。

今日极简史

1月31日

绍兴命名

建炎五年正月己亥朔（1131 年 1 月 31 日），宋高宗赵构下诏改元“绍兴”，其驻跸的越州也因此改名绍兴。

以年号为地名的城市不少。福建永泰是唐代宗年号，江苏宝应是唐肃宗年号，陕西淳化是宋太宗年号，福建政和是宋徽宗年号。这些都不太出名。知名度能与绍兴比肩的是江西景德镇和上海嘉定。景德是宋真宗年号，嘉定是宋宁宗年号。

有些地名和年号相同是巧合。如湖北咸丰县于雍正年间置县，与清文宗年号没关系。此外还有浙江永嘉县、安徽广德市、甘肃景泰县、广西阳朔县。查了下，年号里没有叫“乾烈”的，挺好一县名，惜哉。

记录下今天的你

○宣德十年正月乙亥（1435 年 1 月 31 日），明宣宗朱瞻基崩于乾清宫。

清 佚名 十二月月令图 ②

今日极简史

2 月

今日极简史

2月1日

郑成功收复台湾

《热兰遮城日志》载，永历十五年，台湾城被围近九个月，守城的荷兰军死伤1600余人，弹尽粮绝又疾疫流行，已完全绝望，“愿罢兵约降，请乞归国”。十二月十三日（1662年2月1日），荷兰东印度公司在投降书上签字并举行投降仪式。

郑成功从荷兰手里收复了沦陷38年的中国领土台湾，可谓开辟荆榛，千秋功业，驱逐荷虏，一代英雄。但是笔者有个困惑，为什么明明传告当地人是郑成功收复了台湾，他们却说“姜子牙”？想半天才明白是“酱紫呀”。

记录下今天的你

○光绪二十七年十二月二十三日（1902年2月1日），清政府宣布汉满可以通婚。

记录下今天的你

“胡汉三”事件

今天，北魏孝文帝拓跋宏、辽太宗耶律德光、元世祖忽必烈三个人在床上翻来覆去做思想斗争，最后作出了违背祖宗的决定。

太和二十年正月丁卯（496年2月2日），孝文帝将自己的姓氏“拓跋”改为汉姓“元”；天福十二年正月乙未（947年2月2日），辽太宗耶律德光“改服中国衣冠”；至元二十九年正月丙午（1292年2月2日），元世祖忽必烈下诏以汉语谕福建。

三个胡人决定使用汉姓、汉服、汉语，可以称为“胡汉三”事件。

○泰定四年十二月乙卯（1328年2月2日），爪哇国来献金文豹、白猴、白鹦鹉各一。
○永乐十九年正月朔（1421年2月2日），明朝迁都北京。

今日极简史

2月3日

陈桥兵变

记录下今天的你

显德七年正月甲辰（960年2月3日），后周殿前都点检赵匡胤发动陈桥兵变，黄袍加身。

可惜这一整套创举全是抄袭郭威的“澶州兵变”，同样谎报军情，同样天降异象。有所不同的是，郭威是手下撕了旗帜披在他身上，“裂黄旗以被帝体”；赵匡胤是早有准备，手下“以黄衣加太祖身”。模仿得算是不错，不过距离原版还是存在差距，赵匡胤若叫“姜”匡胤的话，大概就接近完美了。众所周知，姜能模仿一切，放肉里像肉，放鱼里像鱼，清蒸尚可观测，红烧真伪莫辨。

○始建国五年二月癸丑（13年2月3日），孝元皇后王政君去世。

○永宁元年正月乙丑（301年2月3日），赵王司马伦篡位，将晋惠帝幽禁于金墉城。

记录下今天的你

北宋立国

建隆元年正月乙巳（960年2月4日），赵匡胤逼后周恭帝柴宗训禅位，夺取了政权，改国号为宋。

316年后的同一天，德祐二年正月甲申（1276年2月4日），蒙古军攻入南宋首都临安，谢太皇太后带着五岁的宋恭帝出城，献国玺投降。

316年整，一天不差，时间拿捏得像是外卖骑手，因此可以叫作“宋外卖”。

○普通二年正月辛巳（521年2月4日），中国第一个官方创设的救济赡养机构“孤独园”正式诞生。
○嘉靖四十五年十二月壬子（1567年2月4日），裕王朱载垕即皇帝位，以明年为隆庆元年。
○光绪二十四年正月戊戌（1898年2月4日），清政府印造昭信股票，这是中国历史上第一次发行国债。

今日极简史

2月5日

顺治帝去世

记录下今天的你

顺治十八年正月丁巳（1661 年 2 月 5 日），二十四岁的顺治帝死于养心殿。

传说顺治帝并没有死，而是去五台山做了和尚。《续指月录》说他曾拜和尚玉林通琇为师，因此结识了师兄茆溪行森。和尚以能度人为荣，如果度的是天子，那就太厉害了，因此行森一心想要顺治出家。顺治先被洗脑，后被剃头。皇室不干了，顺治却坚决要出家，师父玉林劝说无效，只好将行森架在柴堆上，威胁顺治不还俗就烧死行森，顺治只能作罢。这场闹剧唯一的受益人是给顺治剃头的 Tony 老师，以清朝发型，剃光头只需一半工作量，却收了全款，据说为了以后保持光头造型，顺治还被骗办了年卡。

○太建元年正月甲午（569 年 2 月 5 日），南朝陈宣帝陈顼即位于太极前殿。

○天宝十五载正月乙卯（756 年 2 月 5 日），安禄山自封为大燕皇帝，年号圣武。

今日极简史

2月6日

崇祯皇帝出生

《南明史》说崇祯出生日期是万历三十八年十二月二十四（1611 年 2 月 6 日）。这位亡国之君生下来就是个苦命的孩子，他爷爷明神宗十分讨厌他爸朱常洛，连带着讨厌他。他爸又十分讨厌他妈，他妈不讨厌他，可五岁时被他爸打死了，他被交由庶母西李抚养。数年后西李生了女儿，照管不过来，改由另一庶母东李抚养至成人。崇祯出生后没有过上一天好日子，当了皇帝后，内忧外患，直至自杀身亡。可以说，今天他的生日相当于结婚纪念日，是的，男人婚后没有一天好日子。

记录下今天 的你

○贞观六年十二月辛未（633 年 2 月 6 日），李世民亲录囚徒，心生怜悯，将被判死罪的 290 名犯人放回家过年，并与其约定第二年回来受刑，第二年这 290 个犯人居然一个不少全都回来了。

今日极简史

2月7日

溥仪出生

记录下今天的你

光绪三十二年正月壬午（1906年2月7日），溥仪生于北京什刹海边的醇王府。这一天是农历正月十四，正是他太爷道光的忌日，所以他总是提前一天。在正月十三过生日。

笔者的农历生日也是正月十四这一天，但迟一天元宵节过，明明是元宵宴，我娘偏冠名生日宴，提醒我要记得她这份人情。我这待遇还算不错，元宵虽然粘牙，毕竟是新煮的。我爹生日是正月初一，吃已经粘成团的去年的饺子，一边吐槽，一边吐牙，一边吐钱。他运气好，总能咬到饺子里的硬币。

○建安三年十二月癸酉（199年2月7日），曹操击吕布于徐州，斩之。
○宣德十年正月壬午（1435年2月7日），朱祁镇即皇帝位。
○嘉庆四年正月壬戌（1799年2月7日），89岁的乾隆驾崩。
○光绪十三年正月癸卯（1887年2月7日），慈禧太后撤帘，光绪开始亲政。

记录下今天的你

西晋建立

泰始元年十二月丙寅（266 年 2 月 8 日），晋武帝司马炎设坛于南郊，西晋正式开始。

司马炎与刘备一样“手长过膝”，这在中国帝王里并不罕见，北周太祖宇文泰、后周太祖郭威、前赵刘曜、前秦苻坚、后秦姚苌、南燕慕容垂、南汉刘龑、前蜀王衍、陈武帝陈霸先，史载都手长过膝，这些人手拉手的话就是香飘飘奶茶，可以绕地球一周。

○ 1904 年 2 月 8 日，日本海军未经宣战突然袭击俄罗斯驻扎在中国旅顺口的舰队，日俄战争爆发。

今日极简史

2月9日

在位时间最短皇帝

天兴三年春，宋、蒙联军围攻金朝已经三个月，金哀宗不愿当亡国之君，下诏禅位于宗室完颜承麟，说:“我身体肥胖跑不动，你身手矫健，若有幸逃脱，可延续国祚。”完颜承麟只能答应。正月己酉（1234年2月9日）上午，即位大典还没结束，城便被攻破，蒙古灭金。

完颜承麟在位时间不足一个时辰，此前皇帝在位时间再短，也能凑够个电影，这位连短视频都算不上，刚点开就被划走了。

记录下今天的你

○天会十三年正月己巳（1135年2月9日），金太宗完颜吴乞买崩于明德宫。

○嘉庆元年正月初一（1796年2月9日），清高宗乾隆将皇位禅让给儿子嘉庆。

今日极简史

2月10日

陈朝灭亡

记录下今天的你

祯明三年正月甲申（589 年 2 月 10 日），隋朝部队兵临建康城下，城内的陈朝后主陈叔宝慌慌张张寻找藏匿之处，发现景阳殿里一口井不错。隋军兵士随即攻入景阳殿，审讯得知阿宝跟他们玩捉迷藏，便趴井口问："有人没呀？"阿宝说："没人。"隋兵说："没人呀，那就埋了吧！"阿宝说："没这么玩的！拉我上来。"因此经历，横竖都是二的陈叔宝被叫成"井"，而井因为护主有功，改名叫"护叔宝"。

○天会十三年正月庚午（1135 年 2 月 10 日），金熙宗完颜亶即位。
○皇统八年正月十九日（1148 年 2 月 10 日），丘处机生于山东登州栖霞。
○大德十一年正月癸酉（1307 年 2 月 10 日），元成宗孛儿只斤 · 铁穆耳去世。
○嘉靖三十四年正月十九日（1555 年 2 月 10 日），明朝大画家董其昌出生。

今日极简史

2月11日

夺门之变

记录下今天的你

土木堡之变，明英宗朱祁镇被瓦剌俘虏，其弟朱祁钰被众臣推举为皇帝。瓦剌见英宗已经没有利用价值，便将他送回。朱祁钰当然不愿意让位，便将他尊为太上皇，囚于南宫严密控管。

景泰八年正月壬午（1457年2月11日）黎明，石亨、徐有贞、曹吉祥发动政变，将囚于南宫的英宗抢了出来，朱祁镇复位。这便是“夺门之变”。

为什么叫“夺门之变”？因为囚禁英宗的宫门坚固异常，怎么都打不开，弄来大木桩拴在绳子上，几十人推着撞，门没撞开，墙倒是震开一个洞，三人爬进去救出朱祁镇，因此称“夺门之变”。这根拆家毁门破坏力惊人的大木桩，也因此被英宗朱祁镇赐名“哈士奇”。

○贞观十七年正月戊辰（643年2月11日），魏徵去世。
○元和元年正月甲申（806年2月11日），唐顺宗李诵在兴庆宫驾崩。
○光启元年正月廿三（885年2月11日），后唐末帝李从珂出生。

今日极简史

2月12日

记录下今天的你

清朝灭亡

宣统三年十二月戊午（1912年2月12日），溥仪逊位，清朝灭亡，中国延续两千多年的帝制至此结束。不过中国人的帝王梦并没有结束，《帝梦惊华》盘点过1976年至1993年，中国农村“称帝”事件高达数百起，“立国登基”的“皇帝”百余人，地域遍及川、湘、豫、鲁多个省份。其中1990年诞生的“万顺天国”最为有趣：豫西农民李成福自称李世民后裔，拥兵八人，立丞相，修皇宫（因资金问题改为修瓦房）。后因人口普查，被乡派出所几名干警剿灭。真可谓：“堂堂一个国，干不过派出所。”

○开成五年正月十四日（840年2月12日），唐武宗李炎受册于正殿。
○寿隆七年正月甲戌（1101年2月12日），辽道宗崩，辽国末代皇帝天祚帝耶律延禧奉遗诏即皇帝位于柩前。
○乾隆二十七年除夕（1763年2月12日），曹雪芹去世。

今日极简史

2月13日

年龄最小皇帝

元兴元年十二月辛未（106年2月13日），出生才一百多天的刘隆即皇帝位，这是中国历史上年龄最小的皇帝，也是最短命的皇帝。

同年八月辛亥（106年9月21日），帝崩。因未满周岁夭折而亡，故上谥号为“孝殇皇帝”。除了“不好好吃奶”，他是中国历史上唯一一个没有任何负面评价的皇帝。

记录下今天的你

○武定五年正月丙午（547年2月13日），北齐神武帝高欢崩。

○广顺元年正月丁卯（951年2月13日），郭威登基，国号周，史称后周。

今日极简史

2月14日

记录下今天的你

《元日》

宋神宗熙宁三年正月朔（1070年2月14日），王安石写下“爆竹声中一岁除，春风送暖入屠苏”，《元日》一诗诞生。

《东京梦华录》介绍了宋朝人的年夜饭：“干茄瓠（葫芦干）、马牙菜（马齿菜干）、胶牙饧（麦芽糖）之类，以备除夜之用。”《元日》中提到的“屠苏酒”的做法是：取大黄一钱，桔梗、川椒各二钱五分，桂心一钱八分，茱萸一钱二分，防风一两，以绛囊盛之，悬于井中，至元日寅时取起。从最小的孩子开始喝第一杯，直到岁数最大的结束。然后守岁，《难忘今宵》后大骂春晚一年不如一年，睡觉。

○政和七年正月庚子（1117年2月14日），以殿前都指挥使高俅为太尉。

今日极简史

2月15日

李鸿章诞辰

记录下今天的你

道光三年正月初五（1823年2月15日），李鸿章出生。这位来到世上就是为了签名。中国社会科学院近代史研究所对《中外旧约章汇编》分析后确定，近代中国签订的不平等条约的数量为343个，其中李鸿章作为代表签了30多个，主要有《中英烟台条约》《中法会议简明条款》《中日天津条约》《中法新约》《中日马关条约》《中日辽南条约》《中德胶澳租界条约》《中俄密约》《中英展拓香港界址专条》《辛丑条约》。那么，这一生签订的不平等条约，哪个最令他倍感屈辱又无可奈何？答曰：《婚后财产分配条约》。

○永嘉元年正月戊戌（145年2月15日），两岁的汉冲帝刘炳驾崩。

○北周孝闵皇帝元年正月辛丑（557年2月15日），宇文觉正式即位，称天王，国号大周，史称北周。

今日极简史

2月16日

第一副春联

《蜀梼杌》说，后蜀广政二十七年新春（964年2月16日），后蜀皇帝孟昶突发奇想写下了中国历史上的第一副春联：“新年纳馀庆，嘉节贺长春。”

第二年，北宋统一了后蜀，新指派的地方长官就叫吕馀庆，这副春联的上句“新年纳馀庆”便成了“新年迎来吕馀庆”。下句更讽刺，赵匡胤生日就正好被定名为“长春节”。更巧的是，孟昶降宋之时，为乾德三年正月乙酉（965年2月17日），于是再看这副对联，仿佛预演排练了一年的、举手投降的两条胳膊。

记录下今天的你

○明道元年正月初三（1032年2月16日），宋英宗赵曙出生。

今日极简史

2月17日

努尔哈赤建国

天命元年正月壬申朔（1616年2月17日），努尔哈赤在赫图阿拉建国，定国号“金”，史称“后金”。这个国号一直用到1636年，皇太极才改国号为“大清”。说法有几种：其一是“五德说”，明朝为火德，清为水德，以水克火；其二是“大清”源自满语中的蒙古语借词“代青”，意思是“至高无上”；其三最无厘头，传说努尔哈赤曾被一匹大青马救过命，努尔哈赤说：“大青大青，以后我家的国号就叫大青。”这马要是白色的，努尔哈赤主要业务应该是拍电影《超能陆战队》了。

记录下今天的你

○建宁元年正月庚子（168年2月17日），刘宏即皇帝位，是为汉灵帝。

○武德七年正月二十三（624年2月17），武则天出生。

○乾元元年正月戊寅（758年2月17日），太上皇李隆基御宣政殿，授唐肃宗李亨传国、受命宝符。

今日极简史

2月18日

记录下今天的你

武则天初设武举

长安二年正月乙酉（702年2月18日），武则天初设武举，考试科目有马射、步射、平射、负重、筒箭和机弩。宋朝武举加设了文化考试——默写“武经七书”。清朝开始，武举与文科一样，分童试、乡试、会试、殿试，三年一次。

武举制度实行了一千多年，产生了五百多名武状元，到了清末，发现拳脚不好用了，1901年，慈禧取消了武举。说来有趣，武举是男人的考试，但促成和终结武举的，偏偏是两个女人。“男人的命运和女人到底有多大的关系？找对了，光宗耀祖，找错了，光腚吃土。”

○大统元年正月戊申（535年2月18日），孝文皇帝之孙元宝炬即位，西魏正式开始。

○淳熙十六年二月壬戌（1189年2月18日），宋孝宗禅位于皇太子赵惇。

○至元三十一年正月癸酉（1294年2月18日），忽必烈崩于紫檀殿。

今日极简史

2月19日

释迦牟尼指骨

释迦牟尼佛涅槃后留下一些舍利子，对佛教徒来说乃至尊至上的圣物。传说岐州无忧王寺有佛指骨舍利，唐德宗李适很感兴趣，贞元六年二月戊辰朔（790年2月19日）取来宫中供养，但鉴定后认为这块佛指骨是影舍利，又还回寺庙了。

什么是影舍利？佛祖涅槃后留下的舍利特别稀有，因此出现了一批仿制的舍利，这些就是“影舍利”。怎样辨别真假？秘诀是闻，有尿骚味的就是真的，有个孙猴子曾在他手上撒过尿。

记录下今天的你

○乾德二年正月辛巳（964年2月19日），一头大象进入河南南阳，杀之，以齿、革来献。

今日极简史

2月20日

记录下今天的你

传国玉玺

元符元年正月丙寅（1098年2月20日），咸阳群众段义在盖房子的时候得到一方古印，其文曰“受命于天，既寿永昌”。蔡京辨验后说这就是和氏璧做成的传国玉玺，遂名曰“天授传国受命宝”。196年后的同一天，至元三十一年正月乙亥（1294年2月20日），葬忽必烈于起辇谷。正在此时，御史中丞崔彧得到一块玉玺，御史杨桓见上面写着“受命于天，既寿永昌”，说：“此历代传国玺也。”群臣纷纷表示祝贺：“此乃天意属于皇太孙也。”当然是假的，五代十国时后晋攻洛阳，这块玉玺因战乱失踪了，再次出现的都是假的。如果真的被找到会怎样？500元奖励加一面锦旗。

○太建十四年正月丁巳（582年2月20日），陈后主陈叔宝即皇帝。
○元和十五年闰正月丙午（820年2月20日），唐穆宗李恒即皇帝位于太极殿。
○开成五年正月辛卯（840年2月20日），唐武宗李炎即皇帝位。

今日极简史

2月21日

耶律大石称帝

记录下今天的你

金灭辽，辽太祖阿保机八世孙耶律大石率众逃至可敦城。延庆元年二月五日（1124年2月21日），耶律大石即位。

本以为这个流亡的夕阳政权很快就会消失，哪知是北极的夕阳，就是不落山。辽竟在他手上盘活了。耶律大石称帝后，转向中亚扩张，此后稳居中亚，直到1218年才被蒙古攻破。哪知残部波剌黑又在波斯续命，建立了起儿漫王朝的“后西辽”，直到1306年被伊尔汗国兼并，存活了400年之久的辽才终告结束。因为第二天总能毫发无伤地再次出现，因此“辽”的英文翻译为Flammulina velutipes，金针菇。

○神龙元年正月甲辰（705年2月21日），神龙政变，武则天退居幕后，太子李显监国。

○上元二年正月戊戌（761年2月21日），唐顺宗李诵出生。

记录下今天的你

法办和珅

嘉庆四年正月丁丑（1799年2月22日），和珅挂了。确实是挂了——嘉庆皇帝赐白绫令其上吊。如今我们能够看到的和珅家产清单基本出自野史笔记，最低是1000两，最高竟有11亿两。专家研究后认为，比较可信的数额是2000万到3000万两白银。这是什么概念？范文澜先生在《中国通史》里引用清朝档案，乾隆二十一年（1756）唐河县吕魁元做长工时年薪2.5两银。也就是说，一只还在用四肢行走的原康修尔猿，从1200万年前开始打工，到现在进化成人，都成不了和珅。

○大德七年二月甲子（1303年2月22日），元仁宗长子元英宗硕德八剌生。

今日极简史

2月23日

宋徽宗上位

元符三年正月己卯（1100年2月23日），宋哲宗驾崩。

哲宗没孩子，宰相章惇认为应该由哲宗同母弟简王赵似或者异母弟申王赵佖继承。皇太后则坚持由宋神宗第十一子端王赵佶继承，因为“先帝尝言，端王有福寿，且仁孝，不同诸王”。知枢密院曾布、尚书左丞蔡卞都站队皇太后，中国第一书画家、雪乡考察团团长宋徽宗赵佶闪亮登场了。皇太后的理由也是过硬：申王赵佖“有目疾”，上位肯定是瞎干；简王赵似不应该出现在朝堂，应该去象牙山，既做简王又做舞王。

记录下今天的你

○开皇二年正月庚申（582年2月23日），陈宣帝殂。

○天顺八年正月庚午（1464年2月23日），明英宗驾崩。

记录下今天的你

大辽

大同元年二月丁巳朔（947 年 2 月 24 日），辽太宗耶律德光登基，将国号“契丹”改为“大辽”。

国号是最为重要的政治标识，但是辽国视为儿戏，916 年阿保机统一契丹后定国号“契丹”；947 年改为“大辽”，983 年圣宗耶律隆绪又改回“契丹”，1066 年道宗耶律洪基再改回“大辽”。其规律是契丹南下时一般改国号为辽，战争结束后又会恢复契丹。学者分析认为，双国号体现了契丹的政治抱负和决心，即要把国家变成包括北方草原地区，又包括燕山以南疆域辽阔的中央大国。笔者分析认为，两个号是为了省钱，一机两号出国就换，双卡双待无须漫游。

○天辅六年正月丙子（1122 年 2 月 24 日），金海陵王完颜亮出生。

今日极简史

2月25日

少了一道光

道光三十年正月十四（1850年2月25日），道光皇帝崩于圆明园，清朝少了一道光。

可能怕乾清宫匾额“正大光明”变成向前朝国号致敬的“正大明”，25年后的同一天，光绪元年正月戊午（1875年2月25日），光绪皇帝“御太和殿，即皇帝位”，又补上了一道光。

后来才明白，这是上帝的旨意，上帝说：要有光……

记录下今天 的你

○贞元二十一年正月癸巳（805年2月25日），唐德宗李适崩。
○长庆四年正月壬申（824年2月25日），唐穆宗崩。
○康熙五十四年正月二十二日（1715年2月25日），蒲松龄因病辞世。

记录下今天的你

柴荣登基

显德元年正月丙申（954 年 2 月 26 日），后周第二任皇帝柴荣即位。

《五代史补》说了个故事：柴荣早年和一个姓“颉跌”的商人在江陵算命，卦签忽然从签桶跃出，杵在那儿不倒。算命的大惊：“莫非你将来要做皇帝？”柴荣便问颉跌：“我要是当了皇帝，你想当什么官？” 颉跌说：“我做买卖多年，最羡慕就是收税的，你要是当了皇帝我就当这个！”今天柴荣真的做了皇帝，颉跌还在，于是首都税务局颉跌局长走马上任了……早知道说当太子好了。

○永平七年正月癸卯（64 年 2 月 26 日），汉光武帝刘秀的妻子阴丽华去世。
○麟德二年二月初七（665 年 2 月 26 日），程咬金辞世，享年 77 岁。
○光绪十五年正月癸酉（1889 年 2 月 26 日），光绪帝大婚礼成。

今日极简史

2月27日

“六位帝皇丸”

嗣圣元年二月己未（684 年 2 月 27 日），唐睿宗李旦被武则天立为帝，这位就是传说中的“六位帝皇丸”，他的父亲（唐高宗）、母亲（武则天）、哥哥（唐中宗）、儿子（唐玄宗）、侄子（唐殇帝）都做过皇帝。他一生两次登基，又两次让位。武则天登基后，他让位；景云元年（710 年）唐隆政变，再次登基；先天元年（712 年）又禅位给儿子李隆基，再次让位。因此，李旦既是六位帝皇丸，也是双皇连。

记录下今天的你

○光绪二年二月初三（1876 年 2 月 27 日），户部右侍郎长叙第五女出生，此女便是后来的光绪宠妃珍妃。

○天历二年正月丙戌（1329 年 2 月 27 日），元明宗即位。

今日极简史

2月28日

记录下今天的你

白居易生日

《彰明县志》载李白诞辰是农历十一月十五（701 年 12 月 18 日），还有一种说法是正月十六（701 年 2 月 28 日）。唐代宗大历七年正月二十（772 年 2 月 28 日）这一天，白居易生于郑州新郑县东郭宅。“长安米正贵，白居不易”，和李白一起过生日能省个生日蛋糕。当然，若推迟一天，2 月 29 日出生就更省了，四年买一个生日蛋糕就够了。若推迟一个月更省，闰正月极为罕见，上一次出现还是 1640 年，再上一次是北宋的 1048 年，下一次则是 2262 年。一辈子不用买生日蛋糕了。

○汉高祖五年二月甲午（前 202 年 2 月 28 日），刘邦即皇帝位于汜水之阳，西汉开国。

○贞元二十一年正月丙申（805 年 2 月 28 日），唐德宗李适崩，德宗长子顺宗李诵即位于太极殿。

○天顺八年正月乙亥（1464 年 2 月 28 日），朱见深即皇帝位，是为成化帝。

今日极简史

2月29日

杯弓蛇影

记录下今天的你

西晋永兴元年正月丙午（304 年 2 月 29 日），尚书令乐广卒。乐广留给后世一个有趣的罕见病的故事：一个酒友在乐家喝酒，发现酒杯里有一条蛇，喝完就生病了。乐广研究发现是墙上挂了一张弓，弓身上画了一条蛇，倒映在酒杯中引起了误会。这便是成语“杯弓蛇影”的由来。

《晋书》给这位酒友的评语很不厚道，说他疑神疑鬼胆小怕事。这当然有失公允，乐广家的人和物都透着古怪，看多了准出毛病——美男子卫玠是他姑爷，在街上被围观，竟被看死了。所以他家最适合研究量子力学，一观察就坍塌。

○长庆四年正月丙子（824 年 2 月 29 日），唐敬宗李湛在太极殿即位。

○光绪三十四年正月甲寅（1908 年 2 月 29 日），建兰州黄河铁桥。

清 佚名 十二月月令图 ③

今日极简史

3 月

今日极简史

3月1日

避讳的由来

记录下今天的你

太平兴国二年二月庚子（977年3月1日），赵光义改名赵炅。

古人认为名字有一种神秘力量，被别人知道后力量会被分走，这就是避讳的由来。后来，避讳逐渐演变成对祖宗、神灵以及权威的尊重，遇到上述人物的名字便不能用，或者以缺笔的形式回避。但有些常用字避讳实在困难，所以皇帝开通，把自己的名字改为极少用的生僻字，譬如这一天的赵光义改名为“炅”。“光”“义”使用频率过高，不改就会出现以下情况：“你不仁，我不义”没了“义”，变成“你不仁，我不……”涉嫌撒娇起腻。这还可以，如果“凿壁偷光”没了“光”，就是“凿壁偷”，直接定性为盗窃了。

○大明七年正月辛丑（463年3月1日），南朝宋第八任皇帝、后废帝刘昱出生。

○武德五年春正月丙申（622年3月1日），刘黑闼据洺州，僭称汉东王。

○延祐七年正月辛丑（1320年3月1日），元仁宗崩于光天宫，寿三十有六。

今日极简史

3月2日

记录下今天 的你

出嫁的好日子

贞观十五年正月丁丑（641年3月2日），下诏把文成公主嫁到吐蕃。大唐气度非凡，买一送一。六十九年后的同一天，景龙四年正月己卯（710年3月2日）又把金城公主嫁了过去。

吐蕃一直想和唐朝联姻，早在贞观八年，松赞干布便向唐朝求婚，李世民不同意。松赞干布来横的，发兵抢媳妇，却被唐政府打得头破血流。就在松赞干布死心之时，结过婚的李世民忽然开悟——西方有谚：“婚姻是一场至死方休的战争。”结婚之后家里必然鸡飞狗跳。于是赶紧把姑娘嫁过去！这便是成语“嫁祸于人”之另类诠释。

○东汉建武中元二年正月辛未（57年3月2日），日本国王派遣使者来华。

今日极简史

3月3日

武则天退位

神龙元年二月甲寅（705年3月3日），武则天正式退休，武周结束，中国回归李姓家族，唐中宗恢复国号“唐”，社稷、宗庙、陵寝、郊祀、旗帜、服色、台阁、官名全部恢复如初。此时的唐中宗李显已经49岁，这在古代，已是垂垂老矣。不过，想想英国查尔斯王子被封为威尔士亲王之后，足足等了64年才等来王冠，李显心理也就平衡了。

记录下今天的你

○贞观十年正月壬子（636年3月3日），尚书左仆射房玄龄、侍中魏徵呈上新修成的《梁书》《陈书》《北齐书》《北周书》《隋书》。

○贞观十九年二月己亥（645年3月3日），唐太宗接见取经回来的玄奘法师。

今日极简史

3月4日

记录下今天 的你

隋朝立国

大定元年二月甲子（581 年 3 月 4 日），北周静帝宇文阐禅让帝位于杨坚，隋朝立国。

汉人政权的国号几乎都选择采用前朝对自己的封号，以说明自己具备合法性，不是篡国而是继承，隋朝国号也是如此。杨坚的父亲杨忠是北周“随国公”，但杨坚定国号时对“随”字不太满意，因为“随”有“随从”之意，又不愿与封号做彻底切割，思前想后将“辶”去掉，用了字音字形相近的“隋”。这种迷信当然毫无道理，按杨坚的说法，“辽”更不吉利，拆开是“走了”，事实上辽享国 200 余年，先走的倒是赵宋家：“你们辽，我先走。”

○乾宁二年二月初四（895 年 3 月 4 日），后汉高祖刘知远生于太原。

○嘉靖十六年正月癸卯（1537 年 3 月 4 日），明穆宗朱载坖出生。

今日极简史

3月5日

黄巾起义

记录下今天的你

中平元年二月辛巳（184年3月5日），巨鹿张角领导的“黄巾起义”爆发。

黄巾军之所以选择黄色为标志色，是迎合五德始终说：历代王朝各代表一德，按照五行相克或相生的顺序交互更替。王莽篡汉前用五行相克说：虞（土）→夏（木）→商（金）→周（火）→秦（水）→汉（土）。王莽篡汉后又改五行相生说：虞（土）→夏（金）→商（水）→周（木）→汉（火）。张角以此续推，汉的火德应该生土，土为黄色，所以以黄巾为记号。挺好，戴头巾不仅防晒，秃顶也看不出来。但是戴头巾不透气，越戴越秃。饮鸩止渴，无解。

○永寿元年正月戊申（155年3月5日），汉恒帝大赦天下，改年号为“永寿”。

今日极简史

3月6日

唐伯虎出生

记录下今天的你

据祝枝山《唐子畏墓志并铭》，唐伯虎的生日是成化六年二月初四日（1470年3月6日）。

传说唐伯虎是虎年虎月虎日生，并不是，他只是因为出生在寅年，所以叫伯虎。三只虎应该叫伯彪，或叫小虎队。以风流闻名于世的唐伯虎实际上和风流也没关系，其父唐德广是开消夜摊的，杀鸡宰鹅择菜切墩全是唐伯虎，周星驰的《国产凌凌漆》才是他的真实造型。此外，唐伯虎一生只娶过两个女人，前任是徐氏，继任则姓沈，名叫沈九娘。因为名字带了“九”，后世疯传唐先生娶过九个老婆。按此推理，沈万三是不是有一万个小三？

○建安二十年正月甲子（215年3月6日），曹操废掉汉献帝第一位皇后伏寿，改立自己的女儿曹节为后。

○开皇元年二月丙寅（581年3月6日），立王后独孤氏为皇后，王太子勇为皇太子。

今日极简史

3月7日

玄奘法师圆寂

我们都知道，无论是唐僧的朋友还是敌人，都是想送他去西天的。《大唐大慈恩寺三藏法师传》说，麟德元年二月五日（664年3月7日）夜半，玄奘满足了各界群众的期盼，“喘息渐微，少间神逝”。《法师传》说玄奘“形长八尺”，按日本正仓院所藏唐尺计算，唐僧身高2米4。不过书中又说玄奘晚年身高有点缩水，“形长七尺板（半）”，那么也有2米25，真乃名副其实的“高”僧。所以玄奘的棺材最少2.5米，奢侈点，三米大，再奢侈点，四米大行不行？不行，“四米大”不是唐僧，是韩国僧。

记录下今天的你

○黄初四年正月丁未（223年3月7日），大司马曹仁薨。

○乾隆五十二年正月丁亥（1787年3月7日），以纪昀为礼部尚书。

今日极简史

3月8日

记录下今天的你

努尔哈赤造反

天命三年二月壬寅（1618年3月8日），努尔哈赤正式造反，理由有七条，就是著名的“七大恨”：一、明朝杀了他爷爷和爹。二、明朝拉偏架，偏袒叶赫、哈达，欺压建州女真。三、违反双方划定的范围，强令努尔哈赤抵偿其所杀的越境人命。四、在建州与叶赫的部族争战中出兵帮助叶赫。五、支持叶赫将已许给努尔哈赤的女儿（叶赫老女）转嫁蒙古喀尔喀部，致使建州蒙羞。六、强拆，驱赶建州女真。七、明朝辽东政府派萧伯芝赴建州，作威作福……有点啰唆，同样是东北黑社会的孙红雷找茬就干净利落：“我问你这瓜保熟吗？”当然，更利落就三个字：“你瞅啥？”

○崇祯十四年正月癸卯（1641年3月8日），徐霞客逝世。

今日极简史

3月9日

孔子去世

鲁哀公十六年四月己丑（前 479 年 3 月 9 日），孔子去世。

七天前，子贡来见孔子，孔子很沮丧，说："你怎么才来啊？"子贡刚要接话，孔子说："泰山要塌了，房梁要断了。" 子贡刚要接话，孔子忽然哭了，说："我的思想体系这么好，却没人用。"子贡刚要接话，孔子说："殷商人死时在两个楹柱间殡殓。我昨天梦见自己坐在两楹之间祭奠，我的祖先是殷商人啊。"子贡这才有机会开口，说："老师，您应该去竞选美国总统，这语言风格，太拜登了！"

记录下今天的你

○景帝后元三年正月甲子（前 141 年 3 月 9 日），汉景帝刘启崩于未央宫。

○政和七年二月癸亥（1117 年 3 月 9 日），以大理国主段和誉为大理国王。

○道光三十年正月己未（1850 年 3 月 9 日），咸丰帝登基。

今日极简史

3月10日

记录下今天 的你

后汉立国

辽大同元年二月辛未（947 年 3 月 10 日），后晋河东节度使、北平王刘知远自立为帝，国号汉，是为五代后汉。

他的对手辽太宗耶律德光正好生病，脱不开身打他，只能放狠话：“明年的今天，就是你的忌日！”还真准，第二年的同一天，乾祐元年正月二十七日（948 年 3 月 10 日），刘知远崩，儿子刘承祐嗣位，是为汉隐帝。刘承祐运气也不好，两年后郭威造反，隐帝为溃军所杀，立国不足四年的后汉就此灭亡。

然而耶律德光并没有多高兴，因为这次神预言，骚扰短信开始铺天盖地：“下期双色球号码多少？”

○贞元九年正月癸卯（793 年 3 月 10 日），初税茶，从盐铁使张滂所奏，岁得钱四十万贯。茶之有税，自此始也。

今日极简史

3月11日

刘玄称帝

王莽篡汉后，地方起义不断，一支义军占领湖北当阳县绿林山，因此名为绿林军。“绿林好汉”一词因此而来。更始元年二月辛巳朔（23年3月11日），绿林军拥立刘玄为帝，年号“更始”。选他是因为好控制，此人受拜时害羞到满脸流汗，紧张到用手抠席子。与诸将领见面不知道说什么，竟问：“抢了多少？”可知这是什么货色，自然无法和竞争对手刘縯相比，何况刘縯还有个弟弟叫刘秀。就算给刘玄名字加个“德”，与刘縯兄弟也不是一个量级。而且这刘玄还缺“德”，最终果然被义军所杀。

记录下今天的你

○正平二年二月甲寅（452年3月11日），北魏太武帝拓跋焘在宫中遇刺身亡。
○绍兴三十一年二月丙辰（1161年3月11日），南宋发行官方纸币会子。

今日极简史

3月12日

记录下今天的你

《四库全书》

乾隆四十七年正月丙寅（1782年3月12日），集合古今经、史、子、集四部的《四库全书》修成，共收录3462种图书，计79338卷，36000余册，约8亿字。

乾隆一朝全力以赴搜罗民间藏书，呈作《四库全书》的底本由四库馆审定，该毁就毁。据奏报，被焚计有538种，13862卷之多，民间为避祸自毁更是不计其数。乾隆干的这件事，我女儿挺支持，少背了不少课文。

○同光元年二月丁卯（923年3月12日），后梁封钱镠为吴越国王，吴越国建立。

今日极简史

3月13日

李清照的亲戚

记录下今天的你

《王文恭公珪神道碑》说秦桧的岳父是王仲山，王仲山的姐姐嫁给了李格非。李格非就是李清照她爸。元丰七年二月初五（1084年3月13日）秦桧的小姨子李清照出生。不过《宋史》说李格非“妻王氏，拱辰孙女”，按这说法，李清照和秦桧没什么关系。但根据这个亲戚关系，李清照又和另一位名人有了亲戚关系——王拱辰的连襟是欧阳修，李清照要叫欧阳修“姨太姥爷”。这层亲戚关系属实，并且，欧阳修很可能辅导过李清照创作。有作品为证，一个“庭院深、深、深几许”，一个“寻、寻、觅、觅、冷、冷、清、清”，大结巴辅导小结巴。

○神龙元年二月甲子（705年3月13日），唐中宗李显立妃韦氏为皇后。

○乾隆三十四年二月己未（1769年3月13日），乾隆的三希堂落成。“三希”指乾隆收藏的三件稀世珍宝：王羲之的《快雪时晴帖》、王献之的《中秋帖》、王珣的《伯远帖》。

今日极简史

3月14日

纪晓岚去世

嘉庆十年二月十四日（1805年3月14日），大学士纪昀卒。

电视剧说纪晓岚口才了得，是“铁齿铜牙”，有点不符合事实，因为他是结巴，《知足斋诗集》说他“口吃，善著书”。纪晓岚牙口好却是事实，《清朝野史大观》《啸亭杂录》《虫鸣漫录》都说他“日食肉数十斤，终日不啖一谷，真奇人也”，一生从没吃过饭，只吃肉。有人向他请教：“一辈子只吃肉有什么坏处？”答：“容易中年油腻。”

记录下今天的你

○景泰八年二月癸丑（1457年3月14日），明景帝朱祁钰薨于西宫。

今日极简史

3月15日

曹操疑冢

记录下今天的你

建安二十五年，曹操令工匠苏越移植一棵梨树时发生怪事，树根出血，曹操看过之后便生病了。正月庚子（220年3月15日），曹操去世，遗令墓葬不放金银珠宝。

作为“说曹操，曹操就盗”的盗墓祖师爷，《三国演义》说他怕同行来踢馆，设计了72个疑冢。这说法当然扯淡，阎王爷不会答应：“光有房子没有人，你跑我这边来炒房吗？”史料记载，“西门豹祠西原上为寿陵，因高为基，不封不树”，曹丕、曹植都去祭祀过。并且今天的日子也不适合，3月15日是消费者权益日，主要工作就是打假。

○太元十一年正月辛未（386年3月15日），慕容垂自立为帝，改元建兴，史称后燕。

○崇德三年正月甲午（1638年3月15日），顺治帝出生。

今日极简史

3月16日

记录下今天的你

皇后变公主

先做公主再做皇后的女人历史上有很多，但先做皇后继而变成公主的就不多了，今天登场的这位便是。元始四年二月丁未（4年3月16日），王莽的女儿被汉平帝立为皇后。王莽篡汉建立新朝，她又变回了公主。

先做皇后再做公主的还有几个，比如：高欢的女儿嫁给东魏孝静帝元善见，被封为皇后，在高洋自立为帝后，变为北齐太原长公主；杨坚长女杨丽华嫁给北周宣帝宇文赟，隋朝建立后，变为乐平公主。那么，是当公主好还是当皇后好？答：当武则天最好。

○至正十五年二月己未（1355年3月16日），刘福通立韩林儿为皇帝，僭号宋，又称小明王，建元龙凤。

○建文元年二月初九（1399年3月16日），明宣宗朱瞻基出生。

今日极简史

3月17日

蒙古文字

记录下今天的你

蒙古早期使用畏兀字母或汉字，忽必烈下令国师八思巴创造本国文字，至元六年二月己丑（1269年3月17日），“新制蒙古文字成”，正式颁布，全国推广。

八思巴创造的这套拼音文字，字形仿照篆书，极难辨识，最终只有政府使用，后逐渐废弃。元亡，蒙古族又重新使用畏兀字，也就是“回鹘式蒙古文”。它与现行蒙古文字形上差异不大。笔者非常喜欢这套文字，因为每个字看起来都像烤串。汉字不行，汉字只有“拜拜”像烤串。

○咸康二年二月辛亥（336年3月17日），晋成帝司马衍立杜陵为皇后。

○大历十三年二月十四日（778年3月17日），唐宪宗李纯生于长安宫中。

今日极简史

3月18日

宇宙中心娘子关

武德六年二月戊午（623 年 3 月 18 日），唐高祖李渊的女儿平阳公主下葬。李渊下诏送葬行列增加前后部鼓吹乐、持班剑的仪仗队四十人，以及武装勇士卫护。太常寺上奏说自古的规矩，女人不能用军乐。李渊说：“她是军人，当然要奏军乐！”事实如此，李渊的做法合礼。大业末年，李渊晋阳起兵，平阳公主随即策应，发动“司竹起兵”，与李世民会师渭河北岸攻破长安。她驻守的关隘也成了著名的“娘子关”。后来，娘子关又成为了宇宙中心，娘子关电站工程师刘慈欣在此地创作出小说《三体》。所以莫说是奏乐，揍你，揍外星人，都行。

记录下今天的你

○崇祯十五年二月戊午（1642 年 3 月 18 日），蓟辽总督洪承畴在松锦决战中被俘投降。

今日极简史

3月19日

南宋灭亡

至元十六年二月癸未（1279 年 3 月 19 日），南宋与元“崖山海战”。这一战实在惨烈，“浮尸出于海十余万人”，南宋主力部队彻底被歼灭。左丞相陆秀夫背着 7 岁的卫王赵昺跳海而死，南宋遂亡。

南宋失败是因为布阵重大失误，枢密副使张世杰将千余艘战船用大锁横连在一起，“大军攻之，舰坚不动”，但是千不该万不该，他不该把赵昺放在舰队中央，最后被元军死死围住，跑不了只能自杀。所以，南宋死于“连连看”。

记录下今天的你

○赤乌八年二月乙卯（245 年 3 月 19 日），三国吴国上大将军、丞相陆逊去世。

记录下今天的你

“神龟”来了

熙平三年二月己酉（518 年 3 月 20 日），北魏孝明帝元诩大赦天下，改年号为“神龟”。

和动物相关的年号挺多，比如元凤、五凤、黄龙、天凤、青龙、赤乌、神凤、凤凰、永凤、麟嘉、白雀、龙飞、龙升、凤翔、神龟、元象、大象、龙朔、麟德、仪凤、神龙、景龙、龙纪、凤历、龙德，主要以龙、凤为主。那么，这两种动物真实存在过吗？我觉得是不存在的，如果真的存在，为什么没有菜谱？当然，也有人抬杠：“麻辣小龙虾、椒盐凤爪了解一下。”

○同治十一年二月丙寅（1872 年 3 月 20 日），曾国藩去世。

今日极简史

3月21日

赵匡胤出生

记录下今天的你

后唐天成二年二月十六日（927年3月21日），宋太祖赵匡胤出生于洛阳夹马营。

这位可能有腋臭，“异香经宿不散，三日不变”。至于帝王出生的标配，20世纪80年代漠河舞厅硬件装潢旋转灯当然也是不能少的，于是“赤光绕室”。

较之一般帝王，这位倒是有点不同，此人一出世便“黄袍加身”，《宋史》说他出生时“体有金色”。所以后来的“黄袍加身”，笔者大胆猜测，很可能就是裸奔。便宜了围观群众以及丹麦人安徒生。

○治平四年三月壬子（1067年3月21日），赐礼部进士及第、出身四百六十一人。

○光绪元年二月壬午（1875年3月21日），英国驻华使馆翻译马嘉理擅自带领英军由缅甸闯入云南，与当地少数民族发生冲突，马嘉理被打死，“滇案”爆发。

今日极简史

3月22日

王安石变法

熙宁二年二月甲子（1069年3月22日），王安石变法正式拉开帷幕。

变法是因为政府没钱，所以“议变旧法以通天下之利”。变法包含军事、政治、经济、文化等各个方面，这些政策看上去都不错，但太理想主义和急功近利。本想强民富国，实际上成了抢民富国，官员们打着变法的旗号抽民脂刮民膏。因此这不是“变法”，是“变戏法”，啥玩意儿都给你变没了。

记录下今天的你

○光绪二十二年二月初九（1896年3月22日），贺龙出生。

今日极简史

3月23日

记录下今天的你

苏辙出生

宝元二年二月丁亥（1039 年 3 月 23 日），苏辙出生。至此，史称“三苏”的北宋三颗璀璨的文学巨星，苏洵、苏轼、苏辙父子三人正式凑齐。

唐宋八大家，他家占了仨。凡事都要争个高下，父子也不例外，三人排名为：大苏（苏轼）、小苏（苏辙）、老苏（苏洵）。为何苏轼、苏辙比父亲苏洵排名靠前？原因是两兄弟的文学成就确实高于父亲，当然，这是次要的。“东坡肉”好吃，“小苏肉”也美味，这是主要的。

○乾兴元年二月戊午（1022 年 3 月 23 日），宋真宗崩于延庆殿。

○康熙十七年三月朔（1678 年 3 月 23 日），吴三桂在湖南衡州称帝。

岳飞出生

岳飞的孙子岳珂在《鄂国金佗稡编》中说，岳飞生于崇宁二年二月十五日（1103年3月24日）。

大将军得名是因为他出生前一只像天鹅的大鸟从东南飞到了产房上。岳飞的父亲觉得有趣，以此为儿子取名叫“岳飞”。要是他家在海边看见鲸鱼……当然，最后这名字也没浪费，《岳王传》说岳雷长子名叫岳经，次子名叫岳纬。

记录下今天的你

○嘉庆十三年二月二十八日（1808年3月24日），道光皇帝第三任皇后、咸丰皇帝生母孝全成皇后出生。

今日极简史

3月25日

美食家袁枚

记录下今天的你

康熙五十五年三月二日（1716年3月25日），袁枚生于仁和县艮山门内大树巷中。

统计《随园食单》，此人共记述各地美食326种，最著名的是刘方伯月饼，即酥皮月饼，“用山东飞面，作酥为皮，中用松仁、核桃仁、瓜子仁为细末，微加冰糖和猪油作馅，食之不觉甚甜，而香松柔腻，迥异寻常”。对，五仁月饼是他研发的。说到五仁，我小时候有种精简版五仁，名曰“青红丝”。其构造以七毫米厚铁皮为外壳，中间裹五毫米厚红糖，黏稠如沥青。沥青间点缀青红丝。何为青红丝？青丝即染蓝的萝卜丝，红丝当然是染红的萝卜丝。一口下去，竟飞了起来，是的，萝卜顺气。

○初平二年二月丁丑（191年3月25日），董卓自为太师。

记录下今天的你

殿试

科举制度分为几个步骤：童试、乡试、会试、殿试。殿试最高，第一等名次叫“一甲”，共三名，即状元、探花、榜眼。《通典》说中国科举第一次殿试的时间为载初元年二月辛酉（690年3月29日），武则天“策贡士于洛城殿。殿前试人自此始”。不过《旧唐书》记载的时间更早，显庆四年二月乙亥（659年3月26日），唐高宗李治“亲策试举人”，“凡九百人，惟郭待封、张九龄五人居上第”。这位张九龄不是写下“海上生明月”的张九龄，重名。我认识一个叫李连杰的，这没什么。但是，他有个大他两岁的亲哥，两人名字合称：英杰！

○建炎三年三月癸未（1129年3月26日），苗傅、刘正彦发动兵变，逼迫宋高宗退位，史称“苗刘之变”。

今日极简史

3月27日

屈原投江

记录下今天的你

使用数字记日是从西汉末期才星散出现的，此前使用天干地支记日。譬如“端午”，现定为五月初五，但最初的意思是农历五月的第一个午日，日期并不固定，五月初一和五月十二之间的任何一天都有可能。

屈原死在公元前278年，当时的周历以十一月为岁首，这年五月的第一个午日是初一，如果他真的在这一天投江，时间为公元前278年3月27日，水还很凉，适合冬泳。屈原这次冬泳还行，不算难看。我老家东北经常见冬泳爱好者，没练成梆梆硬的体魄，冻成了梆梆硬的琥珀。

○后元二年二月乙丑（前87年3月27日），立皇子弗陵为皇太子。

○东汉延光三年二月戊子（124年3月27日），有五色大鸟集济南台，十月，又集新丰，时以为凤皇。

今日极简史

3月28日

雕版印刷

后唐长兴三年二月辛未（932年3月28日），中书奏："请依石经文字刻《九经》印板。"从之。

这是一个影响中国文化的里程碑事件。此前的书籍传播，基本靠人工抄写，自此之后，雕版印刷兴起。

至于宋朝的活字印刷，实际上并未普及，清末《增订四库简明目录》著录历代书籍七千余种，采用活字印刷的只有二百余部。活字印刷无法取代雕版，主要是生不逢时——当时宋朝有两位大神级雕版巨匠，江湖人称"神雕侠侣"。

记录下今天的你

○大统十七年三月庚戌（551年3月28日），西魏文帝元宝炬崩于乾安殿。
○长兴二年三月初七（931年3月28日），后汉隐帝刘承祐出生。

今日极简史

3月29日

汉武帝崩

后元二年二月丁卯（前87年3月29日），汉武帝刘彻崩于五柞宫。此人一生穷兵黩武,《汉书》载“师旅之后，海内虚耗，户口减半”，全国人口竟然减少了一半。这哪是武帝，这是灭霸。

一百多年后的同一天，中元二年二月戊戌（57年3月29日），62岁的东汉光武帝刘秀崩于南宫前殿。按《后汉书》的说法，他是活活累死的，每天早晨开会直至深夜，全年无休。

这两人死后的谥号倒是好玩，一个是汉武帝，一个是汉武帝裸奔——光武帝。

记录下今天的你

○咸丰三年二月乙未（1853年3月29日），太平天国定都南京。

今日极简史

3月30日

记录下今天的你

汉昭帝即位

后元二年二月戊辰（前87年3月30日），汉武帝最小的儿子，八岁的汉昭帝刘弗陵即皇帝位。

刘弗陵的母亲钩弋夫人怀孕14个月才生下他，传说上古时的尧帝就是母亲怀胎14个月而生，因此将钩弋夫人生刘弗陵的宫殿门称作“尧母门”。

据说，钩弋夫人出生后手伸不开，一直握拳。汉武帝巡幸河间时听到传闻，召见她时好奇地用手掰了一下，她的手突然展开了，掌中握有一个玉钩，因此得名“钩弋夫人”。她原来握着拳头时应该叫“哆啦A梦”。

○兴宁三年二月丙申（365年3月30日），晋哀帝司马丕崩。
○景福元年二月二十八日（892年3月30日），后晋高祖石敬瑭出生。
○升元七年二月庚午（943年3月30日），南唐烈祖李昪崩。

记录下今天的你

王莽染发

地皇四年，绿林军拥戴汉朝后裔刘玄为皇帝。朝野震惊，王莽很着急，68 岁的他为了安定民心，也为了证明自己不老，决定再婚。王莽为了让自己显得年轻，结婚当天“染其须发”。这是中国历史上第一次染发记录，时间是三月辛丑（23 年 3 月 31 日）。

《诸香药方》记载了染发剂的做法：将黑大豆泡醋两天，煮烂滤渣，再熬成膏状涂上即可。这种染发剂的附着力自然很差，需要每天洗一次头再涂抹一次。所以老王看着洗头水又生灵感，又成了中国黑豆浆制作第一人。

○兴宁三年二月丁酉（365 年 3 月 31 日），晋废帝司马奕即皇帝位。

○武泰元年二月癸丑（528 年 3 月 31 日），北魏孝明帝去世。

清 佚名 十二月月令图④

今日极简史

4 月

今日极简史

4月1日

第一位女皇帝

北魏武泰元年，孝明帝元诩被母亲胡太后毒死。胡太后为把持朝政，二月甲寅（528 年 4 月 1 日）把元诩的女儿，自己一个月大的孙女捧上了帝位，称是“先帝唯一子嗣”，中国历史上第一位女皇帝就此诞生，就是北魏殇帝元姑娘。不过，此事不到一天便败露，群情哗然，胡太后无奈改立幼主元钊为皇帝。元姑娘本已是中国第一位女皇，又成了在位时间最短的女皇，扎扎实实给中国人过了一次愚人节，比西方早一千多年。

记录下今天的你

○普泰元年二月己巳（531 年 4 月 1 日），北魏节闵帝元恭即皇帝位。
○大象元年二月辛巳（579 年 4 月 1 日），北周宣帝宇文赟将皇位传给刚刚七岁的皇太子宇文阐。
○元丰八年三月戊戌（1085 年 4 月 1 日），宋神宗崩于福宁殿，年仅九岁的赵煦即皇帝位，是为宋哲宗。

记录下今天的你

宋理宗入葬永穆陵

咸淳元年三月甲申（1265年4月2日），宋理宗赵昀入葬绍兴攒宫山永穆陵。

13年后，蒙古军攻入浙江，杨琏真伽盯上了宋理宗的坟地，随葬品被挖掘一空后，杨琏真伽发现宋理宗的头颅特别大。西域习俗，用人头骨做法器可招福去灾。于是砍下来，做成了杯子，赵昀从此开始了“脑袋常年进水”的“杯具”生活。忽必烈不仅不管，还为杨琏真伽开脱，解释角度刁钻：经此操作，宋理宗就是史上思维最天马行空、最具有想象力的皇帝，“脑洞大开”嘛。

○泰始八年二月辛卯（272年4月2日），晋皇太子纳贾妃。

○太平兴国五年三月戊子（980年4月2日），宋太宗会亲王、宰相、淮海国王及从臣蹴鞠大明殿。

今日极简史

4月3日

裴秀去世

记录下今天的你

泰始七年三月丙戌（271年4月3日），司空、巨鹿公裴秀薨。

裴秀留给中国最大的遗产，便是在地理学著作《禹贡地域图》中提出的“制图六体”，即分率（比例）、准望（方位）、道里（距离）、高下（起伏）、方邪（倾斜）、迂直（曲直），对后世制图工作影响十分深远。

影响归影响，裴秀的地图，像是美图秀秀，和真实地貌有天壤之别。跟着秀秀地图走，买瓶酱油都能微信步数第一。有时还摔进水沟，“我们的征途是星辰大海！”

○永徽四年三月壬子（653年4月3日），颁孔颖达《五经正义》于天下，每年明经令依此考试。

○开泰五年二月戊戌（1016年4月3日），辽兴宗耶律宗真出生。

今日极简史

4月4日

记录下今天的你

人肉的味道

隋末反贼朱粲走投无路，只好降了李渊。李渊派散骑常侍段确接收降贼，武德二年闰二月甲寅（619年4月4日）受降宴上，段确好奇地问朱粲："你的军粮就是人肉，人肉到底什么味道？"朱粲答："与酒糟猪肉味道一样。"段确听后笑骂："你降了唐就成了奴才，还能吃人肉吗？"朱粲虽被骂，但觉得段先生说得有道理，决定再吃一次，于是把段先生杀掉吃了，旋即再次反叛，"奔洛阳"。去洛阳是对的，那里的人肉举世无双——唐僧602年出生于河南洛阳，是年十七，正是鲜嫩多汁入口即化的年龄。

○建安十三年三月初一（208年4月4日），汉末著名文学家蔡文姬归汉。

○弘治五年三月戊寅（1492年4月4日），明武宗朱厚照被立为皇太子。

今日极简史

4月5日

皇帝的日记

至正二十四年三月丁卯（1364 年 4 月 5 日），朱元璋置起居注。

《起居注》和《实录》都属于监控范畴，记录皇帝每天的行踪，区别是《起居注》更加详尽，《实录》则是《起居注》剪辑后的精选。《起居注》又分内外两种，《外起居注》是白天的事，由专门的职官担任，将皇帝每天的言行一一记录在案。《内起居注》是夜里的事，“床笫之私，房中之事，不得掩焉”。一般交由太监负责，站在门口记录时间和女主角。这对太监来说既困扰又扎心又煎熬，希望越早结束越好，所以有了俗语“皇帝不急太监急”。

记录下今天的你

○绍兴十七年三月丁卯（1147 年 4 月 5 日），南宋抗金将领牛皋卒。

记录下今天的你

半部《论语》治天下

宋淳化三年三月乙未朔（992年4月6日），陈桥兵变的总导演，平边策的实际执行者，宋朝管理体系构架的重要参与者赵普荣升为太师，封魏国公。

赵普便是"半部《论语》治天下"的版权所有者。据罗大经《鹤林玉露》记载，有人酸溜溜地说赵普文化水平不高，只看过《论语》。宋太宗问赵普是否属实，赵普说："可别夸我了，我就看过半本。"《论语》确实是一本好书，不只治天下，更治失眠。不用半本，看半页笔者就鼾声如雷。

○开宝六年三月乙卯（973年4月6日），后周末代皇帝柴宗训殂。

今日极简史

4月7日

拖延症的克星

记录下今天的你

弘治三年三月庚午（1490年4月7日），赐钱福进士及第。

这位钱状元给后世留下最出名的作品，便是人人都会念前四句，第五句开始就打马虎眼的《明日歌》："明日复明日，明日何其多。我生待明日，万事成蹉跎。世人若被明日累，春去秋来老将至。朝看水东流，暮看日西坠。百年明日能几何？请君听我《明日歌》。"

钱福话说得漂亮，却"喜饮酒，每饮至醉"，一醉不醒，从来没看过明天的太阳，睁眼都是明年的。

○至大四年三月十八日（1311年4月7日），元仁宗于大都大明殿即皇帝位。

○洪武十八年二月己未（1385年4月7日），明朝开国元勋魏国公徐达去世。

记录下今天 的你

《康熙字典》

康熙四十九年三月乙亥（1710 年 4 月 8 日），《康熙字典》开始编撰。

《康熙字典》历时六年完工，共收字 47035 个。当时没有拼音，所以这部字典注字音用的是“切音法”。譬如“东，杜松切”，即“东”字声母用“杜”的声母“d”，而韵母及声调，用“松”字的韵母及声调“ōng”，故“东”的发音为“dōng”，切音法解决了汉字注音的问题，是一项创举。此外，还可以用来做密语，笔者刚才约朋友喝酒说“居猗多忝之郢”，意思便是“几点整”。但他回复：“哥屋恩。”一定是手机被查了，他老婆是学中文的。

○永平三年三月丙戌（510 年 4 月 8 日），北魏肃宗元诩出生。

今日极简史

4月9日

就是黑你

淳化三年三月戊戌（992年4月9日），宋太宗殿试考核，出题《卮言日出赋》，考生们很诧异，都写不出来，17岁的会稽考生钱易年少轻狂，没到铃响便交了卷。岂料太宗大怒："我出题这么深奥，你这么快就答出来了？"指其轻俊，黜之。于是本该做状元的钱易哭哭啼啼地走了。这钱易是吴越王钱倧的儿子，被赶走后不服，于是几年后再考，这次考了开封府第二。他觉得考场有黑幕："有人故意打压我！"写了篇《朽索之驭六马赋》议论考试。继位的宋真宗一看："好呀！再降一名，就是黑你，怎么的？"

记录下今天的你

○章和二年二月壬辰（88年4月9日），33岁的汉章帝崩于章德前殿，10岁的汉和帝刘肇当日即位。

○至元二十二年三月丙子（1285年4月9日），元仁宗出生。

今日极简史

4月10日

记录下今天的你

祥瑞

晋武帝咸宁三年二月乙丑（277年4月10日），白虎见沛国。

嘉靖四十一年三月辛卯（1562年4月10日），白兔生子，群臣表贺。

古代祥瑞分五种：嘉瑞、大瑞、上瑞、中瑞、下瑞。嘉瑞是龙凤麒麟，大瑞是天上出现新星，上、中、下三瑞共同点是得了白化病的各种动物、鸟禽、花草。国内发现祥瑞就要献给皇帝，藩属国也要送。柬埔寨没这些玩意儿，又必须上供给唐皇室完成指标，实在没办法，找了个白化病人运到长安交差。

○大同元年三月壬寅（947年4月10日），后晋被契丹灭国。

今日极简史

4月11日

隋炀帝去世

义宁二年（618）开始，隋炀帝便知道自己时日无多，经常摸着脖子感慨，大好头颅给谁呢？想起按照古代礼法，天子不能砍头，便准备了毒酒。三月丙辰（618年4月11日），右屯卫将军宇文化及派人来了。炀帝找了半天毒酒没找到，贴心地自己解下练巾，说："按礼法，这些宫女先自缢，接着我自缢。"宫人都尊重领导，让领导先走。炀帝只能先行一步，"崩于温室"。炀帝死后，萧皇后和宫人将床板改成棺材埋了他，右御卫将军陈棱觉得堂堂一代帝王葬得太草率，又挖出来改葬吴公台下。唐朝立国后觉得埋得不够档次，再次改葬雷塘。隋炀帝因此又有了高僧气质：唐三葬。

记录下今天的你

○建安二十五年二月二十一日（220年4月11日），安葬曹操于高陵。

○建元四年三月壬戌（482年4月11日），南齐太祖萧道成崩于临光殿。

今日极简史

4月12日

记录下今天的你

琼林宴

北宋咸平元年三月壬申（998年4月12日），赐进士孙仅等宴琼林。

每年科举结束，朝廷都会宴请新科及第的进士们，唐朝叫“鹿鸣宴”，北宋叫“琼林宴”。武科放榜也有这种待遇，名曰“鹰扬宴”“会武宴”。

两场宴会能否一起办？不能。“琼林宴”一般会在宴会上写诗，“鹰扬宴”则表演胸口碎大石。爱因斯坦、波尔、薛定谔和一群尼安德特人，能聊什么？当然，压轴戏都一样，无论爱因斯坦还是波尔还是尼安德特人，喝到最后都是吹牛皮。

○初元元年三月丙午（前48年4月12日），汉元帝刘奭立王政君为皇后。

○崇祯十年三月丁巳（1637年4月12日），戏曲大师汤显祖的姑爷刘同升中状元。

今日极简史

4月13日

武则天摄国政

记录下今天的你

上元二年三月丁巳（675 年 4 月 13 日），唐高宗欲诏令武则天摄国政。

《旧唐书》说这段时间唐高宗李治得了风疹，头晕目眩，不能处理政务，于是所有政事都交给老婆武则天处理，权力逐渐由高宗向武则天手中转移。当时办公室格局是李治坐在前台吃药，武则天在他身后设一个帘，听大臣汇报并发出指示，内外称为“二圣”。史学家因此将这对夫妻组合称为“凤凰传奇”，女的把活都干了，男的只负责治病：药，药，切克闹。

○元祐七年三月丁亥（1092 年 4 月 13 日），以程颐为直秘阁、判西京国子监。

○至正十六年三月癸巳（1356 年 4 月 13 日），义军领袖张士诚自称周王，国号大周。

今日极简史

4月14日

范仲淹登第

大中祥符八年三月癸卯（1015 年 4 月 14 日），帝御崇政殿覆试。

当时宋真宗问主考官："这批进士里有没有知名人士或者官二代？"答："没有，来的全是天下寒士。"那最寒的是谁？就是苏州人朱说。朱说家庭条件极差，没房子，只能住在寺庙。每天一碗粥吃两顿，下粥菜则是市场没人要的烂菜叶加一点盐。

朱说登第后，按规矩要上封祖宗三代，二十多岁的朱说这才知道自己一岁时父亲便死了，母亲改嫁朱家，他改姓朱。朱家和范家的孩子，理应合称"朱范子"，可能听起来像倒卖牲口的，于是抛弃朱姓，改名"范仲淹"。

记录下今天 的你

○大业元年三月二十一日（605 年 4 月 14 日），隋炀帝下令开凿大运河。

○光绪十六年闰二月乙丑（1890 年 4 月 14 日），曾国藩次子曾纪泽卒。

今日极简史

4月15日

状元杨慎

“滚滚长江东逝水”的作者杨慎幼年便是神童。按照避嫌的规矩，他爹是首辅，儿子肯定不能给状元。但杨慎太霸道了，霸道到大家觉得他不中状元，所有人三观都得颠覆。正德六年三月戊辰（1511年4月15日），“赐杨慎等进士及第”。按《杨慎年谱》，三年前这个状元就该给他，当年会试，主考官王鏊已将他的考卷列为卷首，不料蜡烛芯炸裂落到考卷上，烧毁了。小杨思前想后，问题可能出在名字上，杨慎怎么听都像是大腰子，烧烤是他的宿命。于是三年后，以杨用修之名参加考试，再加上“东逝水”防火，终于摆正了所有人三观。

记录下今天的你

○汉武帝后元二年三月甲申（前87年4月15日），汉武帝葬茂陵。

○开皇三年三月丙辰（583年4月15日），隋朝决定从洛阳迁都大兴城。

今日极简史

4月16日

记录下今天的你

刘裕出生

晋哀帝兴宁元年三月壬寅（363年4月16日），“金戈铁马，气吞万里如虎”的南朝宋高祖刘裕出生。

史书上帝王出生时的标配是神光照室：北魏孝文帝元宏出生时“神光照室”，汉安帝刘祜出生时“数有神光照室”，南梁萧统出生时“赤光满堂室”……这哪是生孩子，是生灯泡。今天出生的刘裕有点特殊，虽然“神光照室尽明”，但肯定不是灯泡。《南史》说他成年后“身长七尺六寸”，南朝一尺约25.8厘米，换算后为196厘米。若以北尺30.9厘米换算，换算后则是235厘米。所以，刘裕肯定不是灯泡，乃日光灯管。

○永元三年三月丁未（501年4月16日），南康王萧宝融即皇帝位于江陵。

○乾隆三十一年三月初八（1766年4月16日），乾隆皇帝第五子爱新觉罗·永琪逝世。

今日极简史

4月17日

《马关条约》

记录下今天 的你

光绪二十一年三月二十三日（1895年4月17日），《马关条约》签订，甲午战争正式结束，清政府割让台湾、澎湖列岛与日本，外加赔偿2亿两白银。这钱有意思，谈判时日本要3亿，不料3月24日谈判后，李鸿章回宾馆途中被日本人小山丰太郎枪击。日本破坏外交谈判规矩，引起列强抗议。日本自觉理亏，又忌惮国际调解分一杯羹，因此减少了1亿两白银。李英雄就这样回国了，不过风评不太好，因为被射了一枪，又发生在日本，引发了许多胡思乱想，不赘述。

○本始四年三月乙卯（前70年4月17日），汉宣帝立霍光的女儿霍成君为皇后。

○绥和二年三月丙戌（前7年4月17日），汉成帝刘骜在未央宫驾崩。

○至和二年三月丙子（1055年4月17日），诏封孔子后裔为衍圣公。孔子第四十七世孙孔宗愿成为第一代“衍圣公”。

今日极简史

4月18日

记录下今天的你

皇子中状元

重和元年科举，宋徽宗第三子赵楷偷偷参加考试，竟一路杀进了殿试，三月戊申（1118年4月18日），中了状元。放榜时，徽宗怕人说闲话，将第二的王昂提为状元。

还有身份地位更高的状元。据《金史·西夏传》，李遵顼“先以状元及第”。别人中状元后当官，这李遵顼当皇帝，他就是后来的西夏神宗。不过西夏教育普及率不高，考卷难度又特别低。所以，若拿两位状元的含金量做比较，赵先生是土豪金，李先生是铝合金。

○保定四年三月庚辰（564年4月18日），北周第一次令百官上朝时手执朝笏。

○大定三年三月十三日（1163年4月18日），金世宗完颜允恭的长孙金宣宗完颜珣出生。

今日极简史

4月19日

千叟宴

记录下今天的你

康熙五十二年三月壬寅（1713年4月19日）是康熙六十大寿，在畅春园宴请来京为自己祝寿的老人，入席标准是年龄65岁以上，岁数越大越受重视，“是日，九十以上者三十三人，八十以上者五百三十八人，各赐白金”。三月甲辰（4月21日），又举办第二场，康熙见千位老人为自己祝寿，感慨之余赋诗一首，名为《千叟宴》，“千叟宴”因此得名。菜单：银锡火锅两个、猪肉片一个、羊肉片一个、鹿尾烧鹿肉一盘、羊肉乌叉一盘、荤菜四碗、蒸食寿意一盘、炉食寿意一盘、螺蛳盒小菜二个，另备肉丝烫饭。没了。菜不好，老头们吃得也不专心，一直琢磨这位康熙是张国立还是焦晃？

○延祐七年三月庚寅（1320年4月19日），元仁宗崩，元英宗硕德八剌即位。

今日极简史

4月20日

记录下今天的你

道光葬慕陵

咸丰二年三月壬子（1852 年 4 月 20 日），道光皇帝葬慕陵。

自乾隆死后，为了后辈祭祀方便，清帝陵按西陵、东陵的次序依次选址，父葬于西陵，儿子就葬在东陵，孙子再西，重孙再东。道光的陵寝按制应建在东陵，但他的陵寝选址不佳，活着的时候就出现了渗水，并把已经下葬的他老婆的棺椁泡了，于是道光一气之下搬到西陵。这一搬迁反倒因祸得福，1928 年，军阀孙殿英盗墓，把东陵翻了个底朝天，道光在西陵竟躲过此劫。不然的话，道光，道光，一定盗个精光。

○正德十六年三月丙寅（1521 年 4 月 20 日），三十一岁的明武宗朱厚照崩于豹房。

今日极简史

4月21日

山阳公

魏青龙二年三月庚寅（234年4月21日），山阳公（汉献帝）薨。

山阳公这个封号很有趣，汉献帝死后，长孙刘康袭爵为二世山阳公，这位超长待机，熬没了曹丕、曹叡、曹芳、曹髦、曹奂五代帝王，直到西晋立国，依旧电量充沛。西晋承认曹魏签署的合同依旧有效，直到太康六年（285），刘康才去世，在山阳公位置上一共坐了51年。刘康去世后，儿子刘瑾又做了4年的山阳公；刘瑾去世，儿子刘秋又接着做了20年的山阳公。若不是西晋灭亡，封地被胡人所占，它还能一直续航。

记录下今天的你

○地节二年三月庚午（前68年4月21日），西汉大司马霍光去世。

○金贞元元年三月二十六日（1153年4月21日），完颜亮迁都中都。

记录下今天的你

《兰亭序》

“上巳节”本是农历三月的第一个巳日，这日子每年不固定，从三月初一到三月十二都有可能，魏以后，固定在三月初三。

永和九年三月初三（353 年 4 月 22 日），王羲之举办了一场雅集，天下第一行书《兰亭序》诞生。盘点这场旷世雅集，其实并没有喝多少酒，按“一觞一诗，无诗三觥”的规则计算，42 人一共只喝了约 67 斤酒。这场雅集最重要的收获是诗，聚会结束时，42 人成诗 37 首，收录于《兰亭集》中，其中辑录主办方代表王羲之四言诗、五言诗各一首。四言诗：“代谢鳞次，忽然以周。欣此暮春，和气载柔。咏彼舞雩，异世同流。乃携齐契，散怀一丘。”五言诗言简意赅：“服务员，买单。”

○元和三年三月乙巳（808 年 4 月 22 日），唐宪宗御宣政殿试制科举人。

○文德元年三月初八（888 年 4 月 22 日），唐昭宗即位。

○顺治十八年三月癸酉（1661 年 4 月 22 日），顺治帝葬孝陵。

今日极简史

4月23日

皇太极设文馆

记录下今天的你

天聪三年四月丙戌朔（1629年4月23日），皇太极下令设文馆，命巴克什达海及刚林等翻译汉字书籍。

皇太极和他爸爸最喜欢看《三国演义》。《掌故零拾》有证：“本朝未入关之先，以翻译《三国演义》为兵略。”入关后的皇帝也没啥进步，因此闹了笑话。有官员上奏引用诸葛亮与马谡一事，雍正说：“这是《三国演义》，你得用正史《三国志》啊。”一番引经据典，批评教育，其引据也无一例不出自《三国演义》。活脱脱成了演过雍正也演过诸葛亮的唐国强上身。如果不是因为时间关系，这位蓝翔代言人，可能还要讨论一会儿挖掘机。

○庆元六年三月甲子（1200年4月23日），朱熹去世。

○乾隆五十九年三月二十四日（1794年4月23日），魏源生于湖南邵阳。

今日极简史

4月24日

记录下今天的你

太皇太后

始元四年三月甲寅（前83年4月24日），11岁的汉昭帝立6岁的上官氏为皇后。汉昭帝15岁去世，海昏侯即位，上官氏又成了皇太后。同年，海昏侯被废，汉宣帝刘询继任，上官氏又成了太皇太后。

汉宣帝是上官氏的孙辈，所以宣帝娶的皇后霍成君应该叫她奶奶。可霍成君是霍光的小女儿，而上官氏则是霍光的外孙女，所以霍成君又是上官氏的小姨。那么，霍成君该怎么称呼上官氏？公开场合按夫家辈分称呼，私下可以按娘家辈分，实在拿不准，可以按广州经验，统一叫“靓女”。

○显德元年三月癸巳（954年4月24日），“高平之战”爆发，后周大获全胜。
○金明昌三年三月癸未（1192年4月24日），卢沟桥建成。
○嘉靖四十四年三月辛酉（1565年4月24日），奸相严嵩的儿子严世蕃伏诛。

今日极简史

4月25日

崇祯皇帝去世

记录下今天的你

崇祯十七年三月丙午（1644年4月24日），李自成攻破北京外城，当晚，崇祯逼死老婆周皇后。丁未（4月25日）天刚亮，紫禁城也被攻陷。崇祯见大势已去，爬上禁内的煤山上吊自杀。

崇祯倒霉，挂他的槐树更倒霉。清军是打着干掉李自成为崇祯报仇的名义入关的，所以认定这棵槐树有罪，用铁链锁了起来，起名“罪槐”。在中国，做树是很倒霉的，这棵槐树还好，只挂了一次，换作桃树，每年都要挂，并且挂一堆。每到桃花盛开的季节，树上一定挂满搔首弄姿的游客，两指做V：“茄子！”

○会昌六年三月丁卯（846年4月25日），唐宣宗李忱即皇帝位。

○宣和四年三月丙子（1122年4月25日），契丹残部拥立耶律淳为帝，北辽诞生。

记录下今天的你

司马睿称帝

太兴元年三月丙辰（318年4月26日），晋王司马睿称帝，是为东晋元帝。

司马睿毫无根基，只有一个皇族身份，东晋的建立全赖琅邪王家拼死出力。所以，司马睿再三邀请王导“升御床共坐”，王导坚辞，元帝便不坚持。尽管如此，民间还是形容东晋是“王与马，共天下”。东晋完全是门阀士族说了算，连皇帝结婚这种事都由王家做主，所以东晋的皇帝座位和公交车的爱心座没什么差别，坐着的基本都是老弱病残孕，以及带小孩的乘客。

○太和二十三年四月丙午（499年4月26日），北魏孝文帝拓跋宏崩于谷塘原之行宫，时年三十三。

○元和十年三月乙酉（815年4月26日），唐宪宗将柳宗元贬往柳州，刘禹锡贬往播州。

今日极简史

4月27日

同治皇帝出生

咸丰六年三月二十三日（1856 年 4 月 27 日），爱新觉罗・载淳生于储秀宫，就是后来的同治皇帝。这一成果来之不易，其父咸丰从少年时代开始和孝德显皇后、孝贞显皇后、孝钦显皇后、庄静皇贵妃、端恪皇贵妃、玟贵妃、婉贵妃、璷妃、禧妃、吉妃、庆妃、云嫔、容嫔、璹嫔、玶常在这些女人耕耘，十几年下来只收获了这么一个健康的龙子。当得知同治出生时，他欣慰地为龙子起名为：载淳，同时赠送孩子的母亲兰贵人一个法文名：阿兰・得龙。两人还真有共同点，佐罗蒙面，兰贵人垂帘，都看不清脸。

记录下今天的你

○万历三十九年三月十五日（1611 年 4 月 27 日），冒辟疆出生。

今日极简史

4月28日

记录下今天的你

皇后亲蚕礼

南朝宋大明四年三月甲申（460年4月28日），皇后亲桑于西郊；北魏景明四年三月己巳（503年4月28日），皇后亲蚕于北郊。

为鼓励农桑，皇帝春天会“亲耕”，皇后则“亲蚕”。亲蚕礼在三月，皇后提前斋戒，届时朝服祭先蚕神西陵氏，六肃、三跪、三拜。接着皇后用金钩“躬桑”，将采集好的桑叶切碎喂蚕。亲蚕礼是一个持续的过程，结茧后，皇后还要到蚕房亲自缫丝、织料、染色。我对这个活动的疑问是，好多女人怕虫子，怎么办？譬如我老婆，她这辈子只怕两种东西：虫子和鬼。若这两个东西同时出现，她会吓得立马钻进鬼的怀里。

○天命十年三月庚午（1625年4月28日），清太祖努尔哈赤迁都沈阳。

今日极简史

4月29日

宾贡科

自隋开始，亚洲各国便开始向中国派遣留学生，留学生是可以参加中国的科举考试的，譬如日本人阿倍仲麻吕便中过进士。但因为试题难度过高，留学生很少能取得名次。为此，朝廷设计了特殊的“宾贡科”。淳化三年三月戊午（992年4月29日），朝鲜四十人以此科得中进士。宾科试题虽然简单，但能够登科，其文章水平和经史知识程度亦是相当高的。这四十位自然很兴奋，连连赞叹：“宾科棒、宾科棒……”此事影响韩国至今，其苗裔为歌颂先祖甚至成立了组合，即为BIGBANG。此为后话，亦是瞎话。

记录下今天的你

○隆安元年三月甲寅（397年4月29日），晋安帝尊奉祖母李陵容为太皇太后。

○至正十一年四月初四（1351年4月29日），元顺帝因水旱灾荒严重，下诏开凿黄河故道。

记录下今天的你

宋仁宗驾崩

嘉祐八年三月辛未晦（1063 年 4 月 30 日），宋仁宗赵祯崩于福宁殿。

宋仁宗是一位好皇帝，他驾崩的讣告送到辽国后，“燕境之人无远近皆哭”，辽道宗耶律洪基也大吃一惊，冲上来抓住宋朝使者的手号啕痛哭，说：“四十二年不识兵革矣。”又说要给宋仁宗建一个衣冠冢，寄托哀思。此后，辽国历代皇帝“奉其御容如祖宗”，把宋仁宗的画像当祖宗一样供着。

○延光四年三月丁卯（125 年 4 月 30 日），汉安帝崩于乘舆。

○天监元年四月丙寅（502 年 4 月 30 日），萧衍即皇帝位于南郊，南梁开始。

清 佚名 十二月月令图⑤

今日极简史

5 月

今日极简史

5月1日

“蒙面唱将”

记录下今天的你

北齐乾明元年三月壬申（560年5月1日），高长恭受封兰陵王，中国最美的王爷诞生。

兰陵王“貌柔心壮，音容兼美”“白类美妇人”，因为长相不够阳刚，在战场可能会被轻视和嘲笑，传说他自制了恶魔面具增加震慑力，“乃刻木为假面，临阵着之”。传说有趣归有趣，却是个误会。《北齐书》说邙山之战时，兰陵王来到城下，“城上人弗识，长恭免胄示之面”。可知兰陵王摘下的并不是面具，而是遮挡比较严实的头盔。有意思的是，兰陵王音乐天赋也很突出，曾作《兰陵王入阵曲》，因此被称为南北朝的“蒙面唱将”。

○嘉祐八年四月壬申（1063年5月1日），宋英宗赵曙继位。

○崇祯二年四月甲午（1629年5月1日），崇祯下令再次精简驿站，一大批驿卒下岗，其中有一个叫李自成。

记录下今天 的你

赵禥与朱棣

嘉熙四年四月初九（1240年5月2日），宋太祖十一世孙，宋度宗赵禥生于绍兴府荣邸。这位出生时打了探照灯：“红灯满室，久久不熄。”

同一天，至正二十年四月癸酉（1360年5月2日），明成祖朱棣生于应天府南京。《明实录》说他出生时也打了照明灯：“光气五色满室，照映宫闼，经日不散。”

这个画面，总让我感觉他俩应该合伙在城乡接合部开个歌舞厅，五彩旋转灯不停地转，五分钟喷一次干冰……

○南梁天监元年四月戊辰（502年5月2日），南齐和帝萧宝融被杀身亡，南齐灭亡。

○后唐长兴元年三月庚寅（929年5月2日），李嗣源立淑妃曹氏为皇后。

○光绪二十一年四月己酉（1895年5月2日），康有为、梁启超及应试举人“公车上书”。

今日极简史

5月3日

傻子皇帝

记录下今天的你

西晋隆安元年三月戊午（397 年 5 月 3 日），晋安帝司马德宗册立自己的表妹王神爱为皇后。

王皇后出身显赫，母亲新安公主是司马德宗的亲姑姑，爷爷则是王羲之。这是一桩令人艳羡的婚姻吗？不是。晋朝有两个傻子皇帝，一个是说出名言“何不食肉糜”的晋惠帝，另一个就是这位晋安帝，他比晋惠帝还要糟糕，是个生活都不能自理的植物人。

○宝应元年四月甲寅（762 年 5 月 3 日），唐玄宗崩于神龙殿。

○嘉祐二年三月癸卯（1057 年 5 月 3 日），北宋名将狄青去世。

今日极简史

5月4日

康熙来了

顺治十一年三月戊申（1654 年 5 月 4 日），清世祖第三子玄烨出生，就是后来的康熙皇帝。

本来作为庶出的第三子，玄烨继位的机会渺茫，但他出生不久便得了天花，幸运的是只在脸上长了几个麻子便痊愈了，因此对天花拥有了终身免疫力。玄烨因祸得福，这场病竟成了他继承帝位最有利的因素。

天花确实可怕，是人类历史上最具毁灭性的疾病，欧洲甚至诞生一句谚语：“人皆难逃爱情和天花。”在当时，一脸麻子是健康的象征，这类人是婚恋市场最为抢手的对象。

记录下今天的你

○元和元年四月丙午（806 年 5 月 4 日），唐宪宗在大殿为应诏赴试的士子举行制举考试。元稹、独孤郁、白居易崭露头角。

今日极简史

5月5日

泰山封禅

元封元年四月癸卯（前 110 年 5 月 5 日），汉武帝泰山封禅，因此改元“元封”。中国历史上帝王有几百位，泰山封禅的只有六个：秦始皇嬴政、汉武帝刘彻、汉光武帝刘秀、唐高宗李治、唐玄宗李隆基、宋真宗赵恒。封禅分两部分：在泰山之顶筑坛祭天曰“封”，在泰山之阳堆土祭地曰“禅”。古人认为泰山是“天下第一山”，于此封禅才算受命于天，是帝王的最高追求。我女儿问：“有没有比封禅还厉害的？”答：“有，空调。”

记录下今天的你

○建安五年四月丙午（200 年 5 月 5 日），江东小霸王孙策在丹徒遇刺身亡，年二十六岁。

○中统元年三月辛卯（1260 年 5 月 5 日），忽必烈登基为蒙古帝国大汗。

记录下今天的你

一言九鼎

鼎作为一种祭祀礼器，士只能用一个或三个，大夫五个，诸侯七个，天子可以用九鼎。传说大禹制九鼎，它便成了政权象征，谁有九鼎谁就是正统。宋徽宗以古为雅，崇宁四年突发奇想复制了九鼎，三月戊午（1105 年 5 月 6 日），“蔡京言九鼎告成”，徽宗下诏将它们放进九成宫。按位置，中央黄色叫帝鼎，北方黑色叫宝鼎，东北青色叫牡鼎，东方碧色叫苍鼎，东南绿色叫冈鼎，南方紫色叫彤鼎，西南方黑色叫阜鼎，西方赤色叫皛鼎，西北白色叫魁鼎。这九个鼎都是祭祀时用，各有功效。说得挺威严，但鼎就是锅，皇城摆九口锅，怎么看都像是丐帮聚餐大会。

○后唐同光三年四月癸酉（925 年 5 月 6 日），桑维翰中状元。
○绍兴十八年四月甲辰（1148 年 5 月 6 日），王佐中状元。

今日极简史

5月7日

皇帝的称谓

记录下今天的你

庄襄王三年五月丙午（前247年5月7日），嬴政被立为秦王。

商的君主称“帝”，周天子称“王”。嬴政统一中国后，认为自己“德兼三皇、功盖五帝”，创“皇帝”一词做了自己的称号。此后，帝王称呼的大概脉络是：汉承秦制，依旧称“皇帝”，南北朝有过“天王”称号，唐称“皇帝”“圣人”，宋朝称“官家”“大家”，元称“可汗”，明清称“万岁”。天子、皇帝、帝、陛下、万岁、圣人、九重、上、主上、人主、朝廷、国家、官家、大官、大家、大尊、天家、车驾、万乘、乘舆，这些都是皇帝的称谓。

○绥和二年四月丙午（前7年5月7日），汉孝哀帝刘欣继位为皇帝。
○太和二十三年四月丁巳（499年5月7日），北魏世宗元恪即皇帝位。

记录下今天 的你

连中三元

咸平五年三月己未（1002年5月8日），王曾中状元，此前的解试、省试他全是第一，因而“三元及第”。

自隋唐开始科举后，三元及第的只有十余人，其中连续考中乡试、会试、殿试头名，即“连中三元”者，只有三人。能连中三元，不仅水平要高，运气也要足够好，特别是最终的殿试，有时候还得看长相、籍贯，甚至名字，因此，连中三元大约和晴空万里被雷劈中三次的概率差不多。当然，较之临门起脚70年一中不中的国足，这个概率还算是有希望的。

○至道三年三月癸巳（997年5月8日），五十九岁的宋太宗赵光义因箭伤复发去世，宋真宗奉遗制即皇帝位于柩前。

○太清元年四月庚午（547年5月8日），梁武帝萧衍再次舍身出家，群臣以一亿万钱赎回。

今日极简史

5月9日

五石散

记录下今天的你

兴宁二年三月辛未（364年5月9日），晋哀帝司马丕嗑药中毒，不识万机。

晋哀帝服用的就是魏晋流行毒品五石散。嵇康、阮籍、王导、谢灵运、陶渊明、王羲之……无一不是五石散爱好者。这药吃下后不能静卧，要边走边喊，称“行散”。

更过分的是，服药后毛细血管变脆弱，皮肤稍碰就出血，因此不能搓澡，于是身上长满虱子，脱下衣衫，星星点点的虱子布满黝黑的身体，活像星象图。“这里是双鱼，这里是摩羯……哎，狮子座的那个虱子怎么跑到人马座去了？”这便是成语“扪虱而谈”的由来。

○乾元二年四月甲辰（759年5月9日），史思明自称大燕皇帝，改年号为顺天，改范阳为燕京。

○至元二十四年三月丙辰（1287年5月9日），马八儿国遣使供进一头奇兽，“类骡而巨，毛黑白间错，名阿塔必即”，疑似斑马。

记录下今天的你

乐不思蜀

咸熙元年三月丁亥（264年5月10日），晋王司马昭封投降的刘禅为“安乐公”，宴席上表演蜀国歌舞，刘禅很开心。司马昭问刘禅：“想家不？”禅曰：“此间乐，不思蜀。”于是诞生了“乐不思蜀”这个成语。

司马昭听完后，说：“刘禅这种蠢货，诸葛亮即使活着也没办法让他崛起。”因此又诞生了名句“扶不起的阿斗”。有人认为刘禅是在装疯卖傻。这种洗白没有意义，邓艾孤军深入，换成刘备估计连渣都不会剩，而阿斗一手好牌直接认输，有什么理由认为他是装疯卖傻呢？除非这样断句：“此间乐？不！思蜀！”当然，那就不是“扶不起”是“凑不齐”了，肯定身首异处了。

○大历十二年三月庚辰（777年5月10日），唐代宗收捕元载，抄家时从他家中抄出八百石胡椒。

○至元三十一年四月甲午（1294年5月10日），忽必烈的孙子元成宗铁穆耳即皇帝位。

今日极简史

5月11日

利玛窦逝世

万历三十八年闰三月甲子（1610年5月11日），传教士利玛窦逝于北京。按惯例，西方传教士死后移葬澳门，万历皇帝破例准许利玛窦葬于北京西郊的滕公栅栏，利玛窦成为第一个葬于北京的传教士。利玛窦能有如此待遇，得益于他将献给朝廷的世界地图《坤舆万国全图》做了手脚——将子午线位置平移，使中国位于世界中心，并放宽了海洋距离。这倒引发了笔者的疑问："为什么传销公司的办公室墙上喜欢挂世界地图？"答案是："看清地形，随时准备跑路。"

记录下今天的你

○泰豫元年四月庚子（472年5月11日），时年十岁的南朝宋太子刘昱即皇帝位，是为宋后废帝。

今日极简史

5月12日

记录下今天的你

唐朝结束

唐天祐四年三月甲辰（907年5月12日），唐昭宣帝李柷发布《逊位诏》，宣布禅让帝位于梁太祖朱温。至此，自公元618年建国，统治中国289年，先后21帝的唐王朝宣告结束。5月12日，是唐王朝结束日，也是胖子遭歧视的起始日。

唐虽亡，牌子还在，后来又有后唐、南唐，以及1988年成立的唐朝，这个乐队确实震撼，第一次听，当随身听里传出“菊花古剑”，全身的战栗让我几乎无法迈出一步，于是坐下，带着微微的颤抖听……后来换成不漏电的随身听，那种酥麻感就没有了。

○建兴元年四月丙午（313年5月12日），晋怀帝被害的凶信传至长安，太子司马邺举哀成礼。

今日极简史

5月13日

后唐开国

记录下今天的你

昨天唐朝关张，今天又回来了，同光元年四月己巳（923年5月13日），李存勖在魏州（河北大名）牙城南升坛称帝，五代十国的后唐开国。李存勖声称自己是唐朝皇室后裔，实际本姓“朱邪”，与唐朝皇室一点血缘关系都没有。更诡异的是，后唐三任皇帝彼此之间也没有血缘关系：开国皇帝李存勖死后，继任的明宗李嗣源是李存勖父亲的干儿子；此后登上皇位的李从珂又是李嗣源的干儿子。“这是一个让我羡慕嫉妒恨到牙痒痒的时代。”生不逢时的吕布扼腕叹息。

○中平六年四月丙辰（189年5月13日），汉灵帝刘宏崩。

○洪武三十一年四月癸卯（1398年5月13日），明朝重臣于谦出生。

记录下今天的你

嘉庆建储

嘉庆四年四月戊戌（1799 年 5 月 14 日），嘉庆建储，“亲书上名，缄藏镝匣”。

“秘储藏匣”是雍正创制的立储制度，他下诏说：“建储一事，必须详加审慎，此事虽不可举行，然不得不预为之计。今朕特将此事亲写密封，藏于匣内，置之乾清宫正中世祖章皇帝御书‘正大光明’匾额之后。”这个中国最大的彩票抽奖箱，《清史稿》介绍其形制如下：材质为楠木，长三十三厘米，宽十七厘米，厚八点五厘米，外罩黄色羊皮封套。上写五个大字：“剧透死全家。”

○会同十年四月丙子（947 年 5 月 14 日），辽太宗耶律德光在河北栾城杀胡林去世。

○治平三年四月辛丑（1066 年 5 月 14 日），宋英宗赵曙命龙图阁直学士司马光编历代君臣事迹，《资治通鉴》今日开工。

今日极简史

5月15日

刘备登基

曹丕篡汉后，刘备再不称帝等于默认曹魏政权合法。又传说汉献帝刘协已经被杀，国不可一日无君，诸葛亮等人要求刘备马上行动，延续汉祚。章武元年四月丙午（221年5月15日），刘备登基，蜀汉立国。不过当时的风评不是很好——刘备这小子一直想当皇帝，看他儿子的名，义子“刘封”、儿子“刘禅”，合起来就是“封禅”，只有皇帝才能封禅，妥妥的野心。

网上有讨论：蜀汉立国，谁的功劳最大？答案：第三是法正，非常有力地促成了刘备入川；第二是诸葛亮，他的隆中对使四处征战的刘备有了目标；第一是罗贯中。

记录下今天的你

○光熹元年四月戊午（189年5月15日），刘辩继位，史称汉少帝。

○崇德元年四月乙酉（1636年5月15日），后金皇太极祭告天地，改国号为大清。

记录下今天的你

何不食肉糜

太熙元年四月己酉（290 年 5 月 16 日），晋武帝司马炎崩，司马衷即皇帝位。

司马炎有 26 个儿子，司马衷排行老二，因为老大死得早，他就变成了长子。选他当皇帝，首先因为他是嫡长子，其次因为他母亲杨皇后家族势力太大。

司马衷虽然有点傻，为人却很善良。某年饥荒，老百姓吃不上饭，他听后很心疼，说：“吃不上饭，为什么不喝肉粥呀？”一句“何不食肉糜”使其跻身中国知名皇帝之列。这类话后世也有人说，譬如我哥对他搞对象的儿子说：“你咋不追迪丽热巴呢？”

○大同元年四月戊寅（947 年 5 月 16 日），辽世宗耶律阮于辽太宗灵柩前即皇帝位。
○皇统八年四月甲寅（1148 年 5 月 16 日），金国修成《辽史》。
○洪武八年四月十六日（1375 年 5 月 16 日），刘伯温去世。

今日极简史

5月17日

义和拳入京师

光绪二十六年正月，山东“义和拳会”兴起，四月庚寅（1900年5月17日），“义和拳入京师……焚毁保定铁路”。清政府派杨福前往镇压，被杀。进京的义和团对洋人烧杀劫掠，围攻大使馆和教堂，造成二百多名传教士及家属被害。再后，就是八国联军进京了。在第一次世界大战两大阵营基本已经形成的历史条件下，义和团实现了西方列强有史以来几乎是唯一一次大联合，真可谓和平天使，1901年度诺贝尔和平奖最强候选团体。

记录下今天的你

○洪武二十五年四月丙子（1392年5月17日），皇太子朱标薨。

今日极简史

5月18日

记录下今天的你

唐代宗即位

唐宝应元年四月己巳（762 年 5 月 18 日），唐代宗李豫即皇帝位。

这又是和尚的一个春天，代宗笃信佛教，发展到后期有外敌入侵时，竟认为和尚念经可以击溃敌兵，退兵之后再重赏和尚。“有寇至则令僧讲《仁王经》以禳之，寇去则厚加赏赐。”

无须惊怪，唐朝确实发生过念经杀敌事件，玄奘就成功念死两名妖兵，其经文：“人是人他妈生的，妖是妖他妈生的……”

○延光四年三月乙酉（125 年 5 月 18 日），北乡侯刘懿即皇帝位。

○绍兴十三年闰四月己丑（1143 年 5 月 18 日），赵构立吴氏为自己的第二任皇后。

今日极简史

5月19日

徐霞客开始出游

《徐霞客游记》开篇是万历四十一年三月戊子晦，“自宁海出西门。云散日朗，人意山光，俱有喜态”。这一天是1613年5月19日，徐霞客正式出游，从此成为“炫迈”，根本停不下来，开始了贝爷与德爷的“文化苦旅”。也因此，5月19日成了中国旅游日。

网上有过一个比较，徐霞客和《荒野求生》的贝尔谁更厉害？答案是：跟着贝尔满世界跑的摄像师最厉害！不仅要扛设备，忙拍摄，还是贝爷的备用粮食，高蛋白，嘎嘣脆。

记录下今天的你

○贞观四年四月丁酉（630年5月19日），西北诸番请李世民上尊号为“天可汗”。

○天宝七载四月辛丑（745年5月19日），高力士擢升为骠骑大将军。

记录下今天的你

扬州十日

顺治二年四月丁丑（1645 年 5 月 20 日），清军以红夷大炮攻破扬州城，守将史可法拒降被杀。清军以不降为由下令屠城，史称“扬州十日”。

王秀楚在《扬州十日记》说死亡逾八十万余人，“查焚尸簿载其数，前后约计八十万余。”以当时扬州城市规模和人口数据来看，这个数据过于夸张，冷兵器时代的屠杀效率不可能如此之高。另，王秀楚说当时杀得扬州城几乎一人不剩，更是经不起推敲，起码韦春花就活了下来，并于 1655 年左右生下了韦爵爷小宝。

○元嘉三十年四月己巳（453 年 5 月 20 日），南朝宋世祖孝武皇帝刘骏即皇帝位。

○大业二年四月壬辰（606 年 5 月 20 日），隋政府统一度量衡。

今日极简史

5月21日

最牛打工人

记录下今天的你

显德元年四月庚申（954 年 5 月 21 日），中国历史上最传奇人物之一的瀛文懿王冯道去世，享年七十有三。

冯道早年效力后梁燕王刘守光，历仕后唐、后晋、后汉、后周四朝，先后为后唐庄宗、后唐明宗、后唐闵帝、后唐末帝、后晋高祖、后晋出帝、后汉高祖、后汉隐帝、后周太祖、后周世宗十位皇帝打工，其间还给辽太宗做过兼职，是个谁逮着谁骑的共享单车。若只是混日子也就罢了，他还始终担任将相、三公、三师，乃中国历史上最牛打工人——到一家公司，垮一家公司。我女儿小弩说：“他要是我们学校的校长就好了……”

○清泰元年四月乙亥（934 年 5 月 21 日），五代后唐末帝李从珂即位。
○治平三年四月戊申（1066 年 5 月 21 日），苏洵去世。
○元祐元年四月癸巳（1086 年 5 月 21 日），王安石去世。

记录下今天的你

董卓之死

初平二年四月辛巳（192 年 5 月 22 日），吕布杀董卓。董卓死后暴尸街头，因为体胖多脂，肚子被插上灯捻点了天灯，光明达旦，烧了好几天。

有网友据此推算过董卓体重：假设“光明达旦”相当于 1000 瓦灯泡的亮度，假设烧了 3 天，脂肪的能量密度是 3×10^7J/kg，总共耗能 3×10^5s $\times$1000W，燃烧脂肪转化成光的效率约为 30%，据此推测董卓肚子上的脂肪约有 30kg。肚子上脂肪含量大约是体重的 6%，那么，董肥的体重大概是 500kg。可怜的赤兔马，被压成扑克牌了。

○和平四年四月癸亥（463 年 5 月 22 日），北魏文成帝拓跋濬在西苑狩猎，射死三只老虎。

○政和三年闰四月丙辰（1113 年 5 月 22 日），宋徽宗学周朝做法，把“公主”改为“帝姬”。

今日极简史

5月23日

孙权称帝

记录下今天的你

东吴黄龙元年四月，夏口、武昌都有人说见到了黄龙。丙申（229 年 5 月 23 日），孙权正式称帝，年号便定为“黄龙”。

三国之中的东吴最晚立国，是因为实力不济，但最近形势不错，曹魏忙着和北边打仗，蜀汉与东吴又是合作关系。只是法理上有些欠缺，曹魏立国有禅让程序，蜀汉有汉室血统，东吴啥也没有，只好另辟蹊径选择天命和谶纬。东吴各地开始遍布祥瑞符兆，举国上下流传民谣谶言，说孙权天命神授中大奖了。孙权有点像我妈，你说我中奖了，那我就中奖了。于是，靠诈骗中奖短信，孙先生当了皇帝。

○显德元年四月壬戌（954 年 5 月 23 日），周世宗柴荣立符氏为皇后。
○元符三年四月己酉（1100 年 5 月 23 日），宋钦宗赵桓出生。
○洪武三年四月丙戌（1370 年 5 月 23 日），元朝最后一位皇帝元顺帝崩于应昌。

今日极简史

5月24日

古代怎样放假？

开宝九年四月己未（976年5月24日），“着令旬假为休沐”。

休沐就是放假，汉政府五天一休沐，唐采用“旬休”制，十天为一旬，每个月休息三天。北宋假期多，《文昌杂录》说每年春节、元宵、寒食、天庆、冬至五大节日每节七天，其余立春、清明、端午等节各休一天。元朝每年假期大约只有半个月。清朝也差不多，多一个年末一个月的“封印”大长假。假期最少的是明朝，只有三次，即春节、冬至及朱元璋生日。朱元璋放牧出身，所以放牛、放马都可以，放假不可以。

记录下今天的你

○西汉地节三年四月戊申（前67年5月24日），汉宣帝立长子刘奭为皇太子，大赦天下。

○清泰元年四月戊寅（934年5月24日），后唐闵帝李从厚被杀，主谋是后唐末帝李从珂。

今日极简史

5月25日

元顺帝出生

记录下今天的你

延祐七年四月丙寅（1320年5月25日），元朝最后一位皇帝元顺帝妥欢贴睦尔出生。

元顺帝是中国历史上唯一一位会五种语言的皇帝，这与他的经历有关。他出生于新疆，不久被流放到高丽，后又迁静江（治今广西桂林），登基后生活在北京，元亡后逃窜到蒙古，因此口音东南西北的，会五种语言：蒙古话、韩国话、新疆话、桂林话、北京话。“安达欧巴，克哪凯？你丫就是不消停。” 这是他的语言风格，要不是双手忙着抓权，还会摸盲文。

○武德二年四月乙巳（619年5月25日），王世充自立为帝，国号郑。
○贞观九年五月庚子（635年5月25日），唐高祖李渊去世。
○庆历八年四月戊寅（1048年5月25日），宋神宗赵顼出生。

今日极简史

5月26日

记录下今天的你

南齐立国

升明三年四月辛卯（479 年 5 月 26 日），宋顺帝刘准禅位于齐萧道成。南齐立国，国号源于谶纬之说。民间有谶歌云“金刀利刃齐刈之”，意即“齐”将取代“刘宋”。

是日，下岗的刘准说出了名言：“愿生生世世，再不生帝王家。”这话听起来有点凡尔赛，但痛苦不分阶级和种族，皇帝的苦处也多了去了。赵本山总结得到位：“你跺你也麻。”萧道成将下岗的刘准安置在宫外小区，不料建元元年五月己未（479 年 6 月 23 日），刘准小区里突然马蹄声大作，监视人怕出事，将刘准一刀砍死了。

○嘉靖四年五月初五（1525 年 5 月 26 日），明朝政治家张居正出生。

今日极简史

5月27日

吴三桂开关

顺治元年四月己卯（1644年5月27日），多尔衮率清军至山海关，吴三桂开关出迎。当天，吴三桂与多尔衮联合作战，击溃李自成所率20余万大顺军，李自成逃遁。

战前的故事有趣，多尔衮要求降清的吴三桂及所率明军剃发易服，吴三桂犹豫推托，多尔衮的理由也坚挺：八旗兵分不清大顺军和明军，并且当时大风，尘沙蔽天更加看不清楚，必须剃！剃不过来就在胳膊上绑白布来区分，白布条不够用裹脚布。而受降仪式上压轴节目是“三跪九叩”，吴三桂又犹豫推托，这怎么可以？必须跪！肯定跪了，“吴三跪”嘛。

记录下今天的你

○天宝元年四月癸巳（742年5月27日），唐德宗李适出生。
○正德十六年四月癸卯（1521年5月27日），嘉靖皇帝登基。

记录下今天的你

辛弃疾出生

金熙宗天眷三年五月十一日（1140 年 5 月 28 日），辛弃疾生于山东历城四风闸（今属济南）。当时济南是沦陷区，辛弃疾的爷爷辛赞又是金国官员。本来是要做汉奸的，忽然就抗金了。

《宋史》说是因为算卦，卦象显示他越往南发展越好。“始筮仕，决以蓍……弃疾得《离》，遂决意南归。”因此一路向南，说得也对，南到深圳看到企鹅，又想到其他著名科技公司，名句都出来了——“众里寻他千百度”嘛。

○康熙五十四年四月二十六日（1715 年 5 月 28 日），曹雪芹生于南京江宁织造府。

○嘉庆元年四月丁酉（1796 年 5 月 28 日），嘉庆与太上皇乾隆祈雨于颐和园西北的黑龙潭。

今日极简史

5月29日

最有钱的状元

记录下今天 的你

光绪二十年四月辛未（1894 年 5 月 29 日），赐张謇等三百十一人进士及第出身有差。

张謇堪称中国最有钱的状元。辛亥革命后，张謇兴办了许多实业和学校。在教育方面，他竟然是 370 多所学校的创始人。他办实业的成绩也很惊人，单单旗下的大生纱厂，从 1914 年到 1921 年 8 年间，利润就有 1000 多万两。张謇靠读书起家，因此对儿孙的家训家诫都不离读书，其名言豪迈：“只要书读好了，马云、马化腾、马斯克，都是咱家扶贫对象。”

○天保七年五月初五（556 年 5 月 29 日），北齐后主高纬出生。

○洪武十五年四月乙未（1382 年 5 月 29 日），改仪鸾司为锦衣卫，锦衣卫于今天诞生。

○洪熙元年五月辛巳（1425 年 5 月 29 日），明仁宗朱高炽崩于钦安殿，年四十有八。

今日极简史

5月30日

记录下今天的你

天启大爆炸

天启六年五月丁未（1626 年 5 月 30 日），北京王恭厂火药库附近发生大爆炸。爆炸面积 2.25 平方公里，造成 2 万余人伤亡。《天变邸抄》记录了大爆炸种种离奇现象：20 多棵大树拔地而起，石驸马大街一个五千斤重的石狮子居然被卷到顺成门外，更诡异的是“不论男女，盖皆裸体”。

后世对这次灾变进行了广泛深入的研究探讨，提出了种种成因，有地震说、火药爆炸说、陨星说，等等。最有趣的说法是：当时明朝工部发现富含镭元素的矿石通过挤压摩擦会生成原子弹，于是找了两块大的镭石做成磨盘，一压一转——漫威级别的《天启》大爆炸了。

○大中祥符三年四月十四日（1010 年 5 月 30 日），宋仁宗赵祯出生。

○万历四十三年五月己酉（1615 年 5 月 30 日），明末三大案之一的“梃击案”上演。

今日极简史

5月31日

成吉思汗出生

记录下今天的你

绍兴三十二年四月壬午（1162年5月31日），成吉思汗铁木真出生。

之所以叫“铁木真”，是因为他出生时其父恰好俘虏一个名为铁木真的敌将。蒙古传统认为，杀死敌对勇士时，他的勇气会转移到己方，铁木真由是得名。这习俗不算古怪，中原也有，传说被老虎咬死的人变成鬼之后，会帮助老虎继续觅食，这种鬼叫作“伥”，这便是成语“为虎作伥”的由来。国外也有这样的，叫“斯德哥尔摩综合征”。

○天康元年四月癸酉（566年5月31日），南朝陈文帝陈蒨崩于有觉殿。

○武德四年五月壬戌（621年5月31日），秦王李世民败窦建德于虎牢。

○元丰八年五月戊戌（1085年5月31日），诏苏轼复朝奉郎、知登州。

清 佚名 十二月月令图 ⑥

今日极简史

6 月

今日极简史

6月1日

朱温登基

记录下今天的你

《旧五代史》载，天祐四年四月，唐哀帝李柷逊位朱全忠，唐亡。甲子（907年6月1日），后梁皇帝朱温登基，五代十国正式开始。

《五代史补》说，早前民间传谶有“八牛之年”，“八牛”合在一起是“朱”字，说明朱温做皇帝是天命所归。朱温出身平民，唐末黄巢起义加入叛乱队伍，后降唐做了宣武军节度使，一步一步打出了小天下。“小天下”的后梁总面积不过56万平方公里，辖地主要是现在的山东、河南两省。两省简称鲁、豫。很到位，像鲁豫一样娇小。

○汉高祖十二年四月甲辰（前195年6月1日），汉高祖刘邦去世。

○元狩元年四月丁卯（前122年6月1日），汉武帝立皇子刘据为太子。

今日极简史

6月2日

记录下今天的你

司马昭之心

司马家族做了曹魏实际领导后，曹家一直想把权力夺回来。待到司马昭接管了司马家政治遗产，对曹家更加专横。景元元年五月戊子（260年6月1日）夜，魏元帝曹髦打算先发制人，召集心腹之人说："司马昭之心，路人所知也。"这便是"司马昭之心，路人皆知"的由来。

次日己丑（6月2日），曹髦带人出宫打司马昭，半路遭遇中护军，太子舍人成济捅死了曹髦。当街杀皇帝影响实在太坏，司马昭为洗白自己，把所有锅都扣在成济身上。成济不仅本人被杀，还被诛灭三族。至于见死不救的围观路人，全部砍掉胳膊，所谓"司马昭之心，路人截肢"也。

○建兴十一年四月癸未（396年6月2日），后燕成武帝慕容垂卒于上谷沮阳。

○大象二年五月己酉（580年6月2日），北周宣帝宇文赟崩于天德殿。

今日极简史

6月3日

虎门销烟

道光十九年四月丁亥（1839年6月3日），林则徐虎门销烟，历时23天，至6月25日结束。

虎门销烟前，林则徐曾考虑用火销毁，但鸦片燃烧后烟膏会渗进土里，经过提炼还能还原一部分。有人提供偏方：鸦片遇盐、石灰便成渣沫，不能再合成为鸦片膏。林则徐因地制宜，在此基础上开创“海水浸化法”，在虎门海边挖坑引入海水，将烟土倒进海水中浸泡半日，再投入石灰，利用放热和碱性完成水解，比火烧污染小，也更彻底。最后，退潮时残渣全部流进大海，干干净净……于是，近海的鱼虾high得不得了，因此诞生名菜：鸦片鱼。

记录下今天的你

○同光四年四月丙午（926年6月3日），后唐李嗣源即皇帝位。

○太平兴国四年五月甲申（979年6月3日），宋太宗灭北汉，结束五代十国分裂局面。

○康熙四十七年四月辛酉（1708年6月3日），纳兰性德的父亲、内大臣明珠去世。

今日极简史

6月4日

记录下今天的你

张学良出生

光绪二十七年四月十七日（1901年6月3日），张学良出生。恰好这一天其父张作霖打了胜仗，喜上加喜，于是张学良乳名：双喜。

诡异又巧合的是，1928年6月4日，这天也是农历四月十七日，张学良的27岁生日，本来是彩色大蛋糕，换成了黑白大照片——是日凌晨五点，张作霖被炸身亡。人说父子前世是仇人，是你死我活的关系，这可能是诠释得最到位的例子了。

○绍兴五年四月甲子（1135年6月4日），五十四岁的宋徽宗在五国城去世。

今日极简史

6月5日

蒲松龄出生

崇祯十三年四月十六日（1640年6月5日），蒲松龄出生。

蒲松龄的父亲蒲槃一直想考取功名，却次次落榜，于是寄希望于蒲松龄。蒲松龄最初成绩不错，顺治十五年（1658年）以县、府、道第一名的成绩，轰动了家乡淄川县。再之后运气没了，自21岁开始参加乡试，直到71岁，屡试屡败，至死都没有中举，困顿终生。我对此人没什么好感，原因简单：至今没有走出电视剧《聊斋》造成的童年阴影。尤其开头那盏阴森森鬼幽幽的圆灯笼，其恐怖程度仅次于出现在教室后窗的班主任那个圆脑袋。

记录下今天的你

○元平元年四月癸未（前74年6月5日），汉昭帝刘弗陵崩于未央宫。

○太康元年四月十九日（1075年6月5日），辽末帝耶律延禧出生。

记录下今天 的你

宋代的足球

靖康元年五月己卯（1126 年 6 月 6 日），开府仪同三司高俅卒。

网友说自高俅死后，中国足球一蹶不振。这当然是玩笑，北宋足球和现代足球根本不是一回事。《东京梦华录》说当时是这样比赛的：球场竖两根三丈的杆子，用彩带结成球网，上面留一个一尺大小的小门，叫风流眼。先出一队，足球在队友之间互相传送，最后把球射进风流眼。然后换对手上场重复上述流程，最终以进球多寡决胜负，以表演技巧为主，并不出现身体对抗。而最常见的“白打”，就是几个人围成一圈互相颠球，和踢毽子一般无二。所以高俅即使活到今天，中国足球还是只有揭幕战、生死战、荣誉战、回收站。

○端平三年五月丁巳（1236 年 6 月 6 日），文天祥出生。

今日极简史

6月7日

禁酒令

记录下今天 的你

历朝历代只要出现粮食短缺，政府必定会禁酒。因为地理、技术、产量等诸多方面不足，辽、夏、金、元这些少数民族政权经常出现粮食危机，禁酒也最为严厉。至元十四年五月癸巳（1277 年 6 月 7 日），忽必烈下了最严厉的禁酒令。所谓“头孢下酒，喝完就走”，这次禁酒猛过头孢，只要喝酒，全家带走，并且还要抄没全家资产散发给贫民。最初禁酒令的效果不错，但蒙古人是离不开酒的，不然也不会有“酒蒙子”一词。政府实在控制不住，就算了。酒鬼酒瘾发作，什么酒都往肚子里灌，甚至碘酒！这酒好，喝完即可实现无线数据通信，蓝牙嘛。

○崇祯十年闰四月癸丑（1637 年 6 月 7 日），山西长治的武乡、沁源两县下了一场冰雹，“最大者如象，次如牛”。

南明弘光政权亡

顺治二年五月丙申（1645年6月8日），清军兵临南京城下，南明礼部尚书钱谦益率诸大臣开城投降，南明弘光政权遂亡。

《扫轨闲谈》和《恸余杂记》给钱谦益编了两个脍炙人口的段子。其一是投降前，钱谦益的老婆柳如是劝老钱和她一起学屈原投水殉国，柳如是要跳，被他给抱住了，他接着以澡堂子试水的姿势用手划拉一下，说不行，水太凉，会感冒。其二是清兵南下的消息传到南京城，钱谦益忽然说头皮痒，家人以为他去梳头，哪知过了一会儿，钱先生顶着满清标准发型“阴阳头”回来了，还抱怨剃一半收了一整个脑袋的钱。

○大象二年五月乙未（580年6月8日），北周宣帝宇文赟病故。
○咸通三年五月初八（862年6月8日），唐僖宗李儇出生。

今日极简史

6月9日

北齐立国

记录下今天的你

武定八年五月，东魏孝静皇帝元善见决定把皇位禅让给齐王高洋。高先生矜持了两天，五月戊午（550年6月9日），即位于南郊，升坛，柴燎告天。北齐立国。

《北史》说高洋登基前做了个梦，有人用笔在他额头上点了一下。高洋醒后问智囊王昙哲这个梦是什么意思，王昙哲多聪明：“您本来已经是齐王，‘王’上加个点就是‘主’，天下之主啊！”若额头再写个“八”字，更加名正言顺了，“王八”出头，就是“主人”。

○显德六年五月乙巳（959年6月9日），后周世宗柴荣征讨契丹瀛州，大获全胜。

○统和十九年五月丙戌（1001年6月9日），辽圣宗耶律隆绪册封萧菩萨哥为皇后。

今日极简史

6月10日

记录下今天的你

刘备去世

建兴元年壬午(223年6月10日),刘备因为拉肚子,活活拉死了自己。刘备临终前向诸葛亮“托孤”,说如果刘禅行,就辅佐他;不行,“君可自取”。诸葛亮当然听出这是“你行你上啊”的试探,就说:“你知道刘禅他有多努力吗!求求你不要再黑他了。”刘备接着抱怨自己死得窝囊:“朕初疾,但下痢耳。”宰相肚里能撑船的诸葛亮悲痛的同时也表示遗憾:“换我拉肚子,能拉出一条航空母舰。”刘先生还是没过瘾,又说了一句大名言:“勿以恶小而为之,勿以善小而不为。”

○大历十四年五月辛酉(779年6月10日),唐代宗李豫崩于紫宸之内殿。

今日极简史

6月11日

戊戌变法

记录下今天的你

光绪二十四年四月乙巳（1898年6月11日），颁布《定国是诏》，“戊戌变法”开始。其主要内容：政府机构改革；经济上鼓励私人兴办企业；文化教育上科举废除八股，开办新式学堂，翻译西方书籍，创办报刊，开放言论；军事上训练新式军队。但是维新派此后越来越激进不切实际，老太太开始担心，继而干预。

变法失败的原因，教科书总结的都没问题，此不赘述。笔者认为最最根本的原因是：处理器功耗低，电池容量大——老佛爷待机时间过长。

○光绪二十六年五月乙卯（1900年6月11日），英国海军中将西摩尔率八国联军进攻北京。

今日极简史

6月12日

南宋开始

记录下今天的你

靖康二年五月庚寅（1127年6月12日），兵马大元帅康王赵构即皇帝位于南京，南宋开始。

今天也是赵构的公历生日，大观元年五月乙巳（1107年6月12日），宋高宗赵构出生。按《钱塘遗事》《宾退录》的说法，赵构的前世是吴越王钱镠。宋徽宗梦见吴越王钱镠跟他索要当年太祖皇帝抢走的两浙之地，徽宗醒后赵构恰好出生。故事有趣之处是父子初见，徽宗见赵构后笑了，说这孩子长了一张典型的浙江脸。笔者实在想象不出“浙江脸”长啥样，莫不是额头上写着三个大字：包邮区。

○太清三年五月丙辰（549年6月12日），南朝梁武帝萧衍殂。

○大历十四年五月癸亥（779年6月12日），唐德宗即皇帝位于太极殿。

今日极简史

6月13日

夏侯惇去世

建安二十五年四月庚午（220 年 6 月 13 日），大将军夏侯惇去世。历史对他的评价是，人品高洁重义，忠义刚直且好学专师，位高权重又生性俭朴。此人是好人，但不务正业，“任帅必败，从无胜绩”。因此，他是唯一不被曹操派往前线担任主将的亲信。当然，这不妨碍他进入三国狠人之列。兴平元年（194）夏侯惇与吕布遭遇，被流矢射伤左目，他竟然上演了一场《舌尖上的三国》——把箭连同眼睛一起拔出来吃了。眼珠吞下肚，算是免费给自己做了一次胃镜。

记录下今天的你

○中兴二年四月戊子（532 年 6 月 13 日），北魏孝武帝元修在洛阳东郭外即皇帝位。

记录下今天的你

《爱莲说》问世

《濂溪志·周敦颐年谱》载："（嘉祐）八年癸卯，先生年四十七。……五月作《爱莲说》，沈希颜书，王抟篆额，钱拓上石，即十五日事也。"因此，《爱莲说》的问世时间是1063年6月14日。

《赣州府志》说创作地点在江西赣州的城北，"爱莲书院在城北督学试院后，原为通判旧署，有周子（周敦颐）莲池遗迹"。

时间、地点几乎没有什么争议，最大的争议是作者，有学者认为《爱莲说》真正的作者是西门庆。

○弘治十八年五月壬寅（1506年6月14日），朱厚照即皇帝位，是为正德帝。

○康熙八年五月戊申（1669年6月14日），康熙召集陪自己练武的几个小兄弟，一举拿下鳌拜。

今日极简史

6月15日

举孝廉

先秦时期，政府官员是父死子继的“接班制”。汉政府创造了一个新的人才选拔机制，就是“察举制”。其中最重要的科目便是“举孝廉”，只要装孝顺，就能做官。最终自然沦为鸡肋，但又没有替代制度，只能将就。隋朝大业十年五月庚子（614 年 6 月 15 日），隋炀帝还是下诏“举郡孝悌廉洁各十人”。如今这些孝子孝女也没有消失，而是转战朋友圈，一个母亲节过后，朋友的妈妈我都见过了。

记录下今天的你

○天纪四年五月丁亥（280 年 6 月 15 日），孙皓被押送到西晋首都洛阳，晋武帝司马炎封其“归命侯”。

○光绪二十六年五月己未（1900 年 6 月 15 日），义和团围攻北京西什库大教堂。

今日极简史

6月16日

记录下今天的你

封曹操为魏公

建安十八年五月丙申（213年6月16日），汉献帝封曹操为魏公。今天这个封号很关键，因此前曹操自为丞相，属下觉得老板太厉害了，叫“相”或者叫“公”都不足以表达心中敬仰，干脆合在一起叫了“相公”。《日知录集释》说：“曹操始以丞相封魏公。相公之称自曹孟德始，前此未之有也。”因此曹先生是中国历史上第一个相公。尊称总会逐渐降格继而泛滥，到明清时代，称呼老公都叫“相公”，这才是曹先生最爱的时代，众所周知，此人是已婚妇女之友。

○大业十二年五月壬子（616年6月16日），隋炀帝在景华宫收集了几斛萤火虫，夜里游山时把萤火虫放了出来，其光亮遍及山谷。

○光绪二十四年四月庚戌（1898年6月16日），召见工部主事康有为，命充总理各国事务衙门章京。

今日极简史

6月17日

汗血宝马

北魏太延五年五月癸未（439年6月17日），遮逸国献汗血马。

关于汗血马的由来，班固所修《前汉书》解释为“马病所致”，说马脖子上有寄生虫，虫子刺穿马的表皮开始淌血；另一种解释是视觉误差，马跑出了汗，刚巧马是红色的，所以颜色鲜红得像流血；又一种解释是马脖子皮肤比较脆弱，跑起来毛细血管膨胀破裂，以致出血。比较合理的解释是汗血马的产地西域地区土壤偏红，马在地上打滚沾上红泥，剧烈运动后，汗水和红泥混合淌下来，看起来像是流血。

记录下今天的你

○嘉靖七年六月辛丑（1528年6月17日），《明伦大典》成，颁示天下。

○康熙三十六年四月戊寅（1697年6月17日），康熙收到曹雪芹的爷爷曹寅由南京送来的快递，“鲥鱼二百尾，便蛋（松花蛋）二千个，腌蛋四千个”。

今日极简史

6月18日

记录下今天的你

唐朝开国

义宁二年五月，隋恭帝禅位。甲子（618 年 6 月 18 日），李渊在太极殿即皇帝位，唐朝立国。

李渊能够得国，其一是家世好，父亲李昞是北周柱国大将军，母亲则是西魏八柱国之一独孤信的女儿，一个小姨又嫁给了隋文帝杨坚。所以李渊与隋炀帝杨广是表兄弟。因此家世，李渊在隋备受器重，身居要位，为造反提供了坚实的基础。其二是儿子好，特别是李世民文治武功世所罕见，简直是通电的灯泡，凌凌漆猪肉摊上的萤火虫，想黑都黑不了。

○宝祐四年五月甲寅（1256 年 6 月 18 日），新科状元发榜之日，宋理宗阅卷后很高兴，将江西考生文云孙定为状元，感慨说：“天之祥，乃宋之瑞也。”从此文云孙改名为文天祥。

今日极简史

6月19日

朱厚照即位

记录下今天的你

弘治十八年五月，孝宗崩，壬寅（1505 年 6 月 19 日），朱厚照即皇帝位，以明年为正德元年。

朱厚照是明朝最没有悬念的皇位继承人，嫡出，又是长子，理所当然继承皇位。造成这种局面是因为他的父亲明孝宗朱祐樘，中国皇帝里的一枚奇葩——只有一个老婆，多了不要。王小波赞曰：一只特立独行不拱白菜的好朱。当然，严格意义上来说，女人最少的是东汉孝殇皇帝刘隆，一个都没有。刘隆公元 105 年出生，第二年崩了。当然，更严格来说，最最少的是武则天，想有都没有。

○章武元年五月辛巳（221 年 6 月 19 日），刘备册立刘禅为皇太子。

○皇祐四年五月甲子（1052 年 6 月 19 日），户部侍郎范仲淹行至徐州而卒。

今日极简史

6月20日

记录下今天的你

曹冲去世

建安十三年五月甲戌（208 年 6 月 20 日），12 岁的曹冲去世。

恰巧司空邴原的女儿也年幼早亡，曹操便想冥婚。邴原拒绝说：“早夭婚嫁不符合古礼。您之所以委任我做司空，是因为我严守圣贤教诲。如果听从您的命令，我就成了平庸之人，您这样还有什么意思呢？”曹操才打消想法。所以曹冲留给后世的故事，只有称象，没有对象。

○梁承圣三年五月庚寅（554 年 6 月 20 日），陈废帝陈伯宗出生。

○嘉泰四年五月癸未（1204 年 6 月 20 日），宋宁宗追封岳飞为鄂王。

今日极简史

6月21日

慈禧与十一国宣战

光绪二十六年，义和团扶清灭洋，慈禧太后认为“民心可用”，召开四次御前会议，要与列强开战。光绪谨慎，说须斟酌，实在要打就跟法国单挑。老佛爷霸道，说反正都是挨揍，要玩就玩大的！五月乙丑（1900年6月21日），慈禧太后“诏以中外衅启，饬战备”，宣布与英、美、德、日、法、俄、意、奥、荷、西、比十一国开战，创造了人类战争史上的奇迹。当然是毫无悬念地被揍到头破血流。但是，即便鼻青脸肿还是要打！这是什么精神？这是征战世界杯的国足精神！当然这样说有点侮辱老太太，国足根本就没碰见过上述国家。

记录下今天的你

○和平六年五月甲辰（465年6月21日），拓跋弘继承帝位，尊冯氏为皇太后。

○宣政元年六月丁酉（578年6月21日），北周武帝宇文邕去世。

○至正二十七年五月己亥（1367年6月21日），明太祖朱元璋初置翰林院。

今日极简史

6月22日

记录下今天的你

北极奇景

戊戌变法失败，康有为逃亡海外，16 年间足迹遍及 42 个国家和地区。光绪三十四年五月戊申（1908 年 6 月 22 日），这一天正是夏至，康有为来到北极地区的斯瓦尔巴群岛，记载道："夜半十一时，泊舟登山，十二时至顶，如日正午。顶有亭，饮三边酒，视日稍低如暮，旋即上升，实不夜也，光景奇绝。"康大忽悠没撒谎的话，他应该是第一个进入北极圈记载极昼现象的中国人。当然也有说最早到达北极圈的是张翠山和殷素素，不过夫妻间互证不太有说服力，第三者谢逊又是瞎子，做不了目击证人。还有人考证，最早到达北极圈的很可能是元朝郭守敬的"四海测验"科考团队。

○宣政元年六月戊戌（578 年 6 月 22 日），周宣帝宇文赟即位。
○大象二年五月己酉（580 年 6 月 22 日），周宣帝宇文赟崩。
○龙朔二年六月己未（662 年 6 月 22 日），唐睿宗李旦生于长安。

今日极简史

6月23日

洪钧出使

光绪十三年五月己未（1887年6月23日），“命前内阁学士洪钧充出使俄德奥和大臣”。

这次出使，洪钧是带着小妾去的，这个妾就是赛金花。《赛金花本事》说她在德期间甚至受到德国皇帝皇后及俾斯麦接见，也因此结识了后来八国联军总司令瓦德西。八国联军进京时，她力挽狂澜规劝瓦德西不要屠城，一言止杀！不过按驻德使馆翻译张德彝、联军翻译齐如山的说法，这些都是扯淡——洪钧参加外事活动从不带她，瓦德西接触不到赛金花，能接触到的最多也就是“炸金花”。

记录下今天的你

○升明三年五月己未（479年6月23日），南朝宋顺帝刘準去世。
○元祐七年五月戊戌（1092年6月23日），宋哲宗赵煦册封孟氏为皇后。
○康熙元年五月庚辰（1662年6月23日），郑成功去世。

今日极简史

6月24日

记录下今天 的你

朱元璋去世

洪武三十一年闰四月乙酉（1398 年 6 月 24 日），71 岁的朱元璋于西宫去世。朱元璋确实残暴，竟留下遗嘱叫宫人“人殉”。朝鲜《李朝世宗实录》记载了灭绝人性的悲惨场景：“一堂上置木小床，使立其上，挂绳围于其上，以头纳其中，遂去其床，皆雉经而死。”更缺德的是，此后的成祖、仁宗、宣宗、景帝死后都学朱元璋人殉，屡次上演《古墓丽影》。直到明英宗死前，人殉才被废止。所以，历朝历代喊“万岁”多是言不由衷，唯有明朝祝愿皇帝万岁万岁万万岁，真的是发自肺腑。退而求其次，也是“再活五百年”。

○开宝五年五月己巳（972 年 6 月 24 日），宋太祖赵匡胤下诏“禁举人寄应”。

今日极简史

6月25日

鉴真圆寂

记录下今天的你

僧忍基梦见讲堂栋梁摧折，寤而惊惧，知道鉴真要圆寂了。赶紧按照大和尚的相貌做雕像。五月六日（763 年 6 月 25 日）鉴真面向西方坐化。“化后三日，顶上犹暖，由是久不殡殓，至于阇维，香气满山。”

笔者看到日本唐招提寺御影堂内鉴真坐像，发现大师面庞昏黑暗淡，眼睛和口鼻处却白净明快，想到的是海泥面膜，由面膜想到代购，于是目光开始游离，以期发现马桶盖和电饭锅……

○贞观九年五月庚子（635 年 6 月 25 日），唐高祖李渊驾崩。

○太平十一年六月己卯（1031 年 6 月 25 日），辽圣宗崩于行宫，年六十一，在位四十九年。辽兴宗即皇帝位于柩前。

今日极简史

6月26日

记录下今天的你

刘裕去世

永初三年五月癸亥（422 年 6 月 26 日），南朝宋武帝刘裕去世。

刘裕是中国帝王里的一个异类，全世界君主都自称是神明子嗣，他偏不。他做了皇帝后，史官咨询关于他早年祥兆神迹的传闻，他拒而不答。他病重时，大臣要举行祭祀大典请神灵帮忙，被他直接拒绝。

说起无神论，想到霍金说过一句话：“我注意过，即便那些声称一切都是命中注定的人，过马路之前也会左右看。”霍金这话令人无法反驳——他自己过马路时，确实是从来不左右看，只朝一边看。

○康熙八年五月庚申（1669 年 6 月 26 日），王大臣议鳌拜狱上，列陈大罪三十，请族诛。康熙念其军功，免除一死。

今日极简史

6月27日

朱瞻基即位

洪熙元年六月庚戌（1425 年 6 月 27 日），朱瞻基即皇帝位。

据说，朱瞻基降生前，燕王朱棣梦见朱元璋把象征权力的大圭交给自己，说："传之子孙，永世其昌。"大圭代表皇权。朱棣梦醒后，他的孙子朱瞻基降生，恰应了"传之子孙"这句话。

今天还有另一位皇帝登基。景元元年六月甲寅（260 年 6 月 27 日），曹奂登基。曹奂名义上是曹操的孙子，其实是司马家的孙子。曹奂名为皇帝实为傀儡，类似于肉联厂检疫员，唯一能做的事就是盖章，区别是一个在诏书上盖，一个在猪皮上盖。

记录下今天的你

○皇兴三年六月辛未（469 年 6 月 27 日），北魏献文帝拓跋弘立皇子拓跋宏为皇太子。

○同治二年五月丁巳（1863 年 6 月 27 日），石达开在成都被清廷处死。

今日极简史

6月28日

记录下今天的你

剃发令

顺治二年六月丙辰（1645 年 6 月 28 日），江南颁发剃发令。

清宫戏都有个致命硬伤：无论何时发型都是一半头发一半头皮。这种发型是嘉庆后期才开始出现的，之前的头发是极少的，脑后只留铜钱大小的一缕头发，编成辫子要细到能穿过铜钱孔。圆滚滚的脑袋拖着一条细线，就是一根电线挂个灯泡。第二处硬伤是头皮锃亮。常态并非如此，不是每天都刮不可能锃明瓦亮，除非谢广坤。所以清朝后期的发型常态是板寸头，后面拖一根辫子。所以，毛茸茸的脑袋拖着一条细线——梅雨季节的电灯泡。

○建安七年五月庚戌（202 年 6 月 28 日），袁绍去世。
○永徽元年五月壬戌（650 年 6 月 28 日），松赞干布去世。
○绍熙五年六月戊戌（1194 年 6 月 28 日），宋孝宗赵昚崩于重华殿。

今日极简史

6月29日

宋钦宗死于金国

绍兴九年六月庚戌（1139年6月29日），宋徽宗的皇后邢氏死于金国。17年后的同一天，绍兴二十六年六月庚辰（1156年6月29日），宋徽宗的儿子宋钦宗赵桓也死于金国。

《大宋宣和遗事》说被金国俘虏的辽天祚帝耶律延禧也在这天死了。起因是海陵王完颜亮突发奇想，命令56岁的宋钦宗和81岁的耶律延禧去参加马球比赛，宋钦宗不慎落马被践踏而死。耶律延禧则趁乱纵马冲出重围准备逃命，结果被乱箭射死于马下。当然，这是小说家言。

记录下今天的你

○黄初七年五月丁巳（226年6月29日），曹丕崩于嘉福殿，魏明帝曹叡即皇帝位。

记录下今天的你

《水浒传》

至正十三年五月，泰州盐贩子张士诚作乱，乙未（1353年6月30日）攻陷高邮，建国大周，年号天祐。

张士诚本是泰州的小混混，有个富二代天天欺负他，张士诚一怒之下杀了富二代，大祸已经酿成，干脆起兵造反。随他起义的队伍里有个著名人物，便是施耐庵。施耐庵没事就给张士诚出谋划策，结果一条都没被采用。老施见老张不听劝谏，心灰意冷，愤而出走，隐居乡里写成《水浒传》。也因此，军师名叫“无用”。

○洪武三十一年闰五月辛卯（1398年6月30日），建文帝朱允炆即皇帝位。

清 佚名 十二月月令图 ⑦

今日极简史

7 月

今日极简史

7月1日

刘伯温出生

记录下今天的你

至大四年六月十五日（1311 年 7 月 1 日），刘伯温出生。

传说刘伯温是《烧饼歌》的作者，此书极其精准地预测了后世所有历史变故。这当然是扯淡，其实《烧饼歌》是后人托名附会编写的，谶语故意写得晦涩难懂，内容和手机软件一样定期更新，常看常新与时俱进。

古代谋略家最为出名的是诸葛亮和刘伯温，为什么不把《烧饼歌》的作者安排为诸葛亮？原因是信誉有问题——全世界都知道“事后诸葛亮”。虽然黄月英女士解释说“事后诸葛亮”意思是下车抽根烟，但没人信。

○汉高祖二年六月壬午（前 205 年 7 月 1 日），刘邦立嫡长子刘盈为太子。

○康熙二十四年五月己丑（1685 年 7 月 1 日），31 岁的纳兰性德辞世。

今日极简史

7月2日

记录下今天的你

玄武门之变

唐高祖武德九年六月庚申（626年7月2日），玄武门之变爆发。

过程还是很惊险的，李世民射死李建成后，坐骑受惊，冲进丛林被树枝绊倒。李元吉追上来打算掐死李世民，尉迟敬德将李元吉射死，李世民躲过一劫。尉迟敬德砍下李建成和李元吉的头颅，提着拿给两人的部下看，这群人才散去。网友总结有意思，李世民当皇帝共分三步：第一步，把玄武门打开；第二步，把大哥、小弟放进去；第三步，把玄武门关上。

○元和九年六月十二日（814年7月2日），唐武宗李炎生于东宫。

○嘉庆元年五月壬申（1796年7月2日），大学士、贝子福康安卒于军。

今日极简史

7月3日

京师大学堂

记录下今天的你

光绪二十四年五月丁卯（1898 年 7 月 3 日），光绪批准梁启超草拟的《京师大学堂章程》，正式设立京师大学堂，也就是今天北大的前身。

网传北大建校之日，光绪在学校礼堂做了一次演讲，传得轰轰烈烈，可惜是假的，首先语言风格不对，其次北大没有任何关于皇帝出席典礼的记录，《清实录》对此也没有任何记载。并且光绪这人喜欢宅，基本只在宫里活动。换作总是微服私访四处闲逛的乾隆倒有可能，但乾隆出宫目的就是找民间小吃，所以即便乾隆真逛到了北大，估计也不会去礼堂，而是去食堂。

○景龙四年六月壬午（710 年 7 月 3 日），唐中宗李显崩于神龙殿。

○嘉祐七年五月庚午（1062 年 7 月 3 日），枢密副使、给事中包拯去世。

今日极简史

7月4日

太上皇

汉高祖六年五月丙午（前201年7月4日），刘邦封刘太公为太上皇。刘太公因此成为中国历史上唯一一个没有当过皇帝，直接升级成太上皇的老农民。

《史记》说刘邦的母亲在水边小憩，当天雷鸣电闪，天昏地暗，刘邦的父亲刘太公担心，就去找妻子，看见一条龙盘在妻子身上，遂有孕生刘邦。刘太公幸运至极，他是真的一丁点奋斗都没有做，有点像课时都被抢走的体育老师，什么活都没干，照样领年终奖。

记录下今天 的你

○嘉祐三年六月庚戌（1058年7月4日），以权知开封府包拯为右谏议大夫、权御史中丞。

○天聪九年五月己巳（1635年7月4日），皇太极命文馆翻译宋、辽、金、元四史。

今日极简史

7月5日

元素周期表之父

记录下今天的你

元兴元年五月癸未（264年7月5日），东吴第三位皇帝孙休去世。

古代讲究避讳，皇帝也不想给大伙添麻烦，于是专挑选极其冷僻的字做名字，有时甚至造字。孙休给儿子造了四个字，太子孙𩅦，次子孙㚚，三子孙壾；四子孙𠅨。

这种做法在明朝迎来了又一次高峰。朱元璋给子孙规定名字必须用五行做偏旁，后来子孙太多，生僻字不够用，就生造了钛、铕、镭、铌、烯、烷、炔、烃”等字。本来人死了字也就基本废了，没想到元素周期表进入中国后，竟然起死回生。门捷列夫·元璋打死也想不到，因为这些重金属超标子孙，阴差阳错误打误撞成了元素周期表之父。

○咸熙元年五月癸未（264年7月5日），魏元帝曹奂追加舞阳宣文侯司马懿为晋宣王，这便是晋朝国号由来。

○隆庆六年五月庚戌（1572年7月5日），明穆宗朱载垕崩于乾清宫。

今日极简史

7月6日

记录下今天的你

普通人如何载入史册

一个普通人想要被载入史册，最简单的方法是生孩子，三胞胎就可以了。后汉乾祐元年五月乙亥（948年7月6日），魏州内黄县一个名叫武进的，妻子生了三胞胎，光荣写进了《新五代史》。武进是农民，三个孩子便按照排行分别叫武一、武二、武三。再生的第四个孩子叫“青年节”吗？不是，叫“上班”。

此外的记录还有：元朝泰定元年十月乙卯，秦州成纪县赵氏妇一产三男；至元十年八月甲寅，凤翔府宝鸡县刘铁妻一产三男。那么，生养三胞胎是一种什么样的体验？玩消消乐的体验。这三家凑到一起又是什么体验呢？打麻将差一对双胞胎就能“碰碰和”的体验。

○汉文帝后元七年六月己亥（前157年7月6日），汉文帝崩于未央宫。

○咸淳五年六月庚辰（1269年7月6日），宋末三帝之一的赵昰出生。

今日极简史

7月7日

昆阳之战

记录下今天的你

更始元年六月，王莽四十多万兵力围困昆阳城，守城的刘秀只有一万人。己卯（23年7月7日），昆阳之战爆发。

开战前，王莽军中出现种种怪事，“夜有流星坠营中”，“昼有云如坏山”。开战后更邪门，刘秀带领三千敢死队，涉水向中军发起突击。王莽军队这边忽然狂风大作，电闪雷鸣，树干屋瓦都被刮得横飞，刘秀领军长驱直入，王莽军彻底溃散，光是跳河淹死的就有上万人。这场中国历史上著名的以少胜多的经典战例，将刘秀的声望推到了顶峰，一战天下闻名。此后，刘秀和王莽便成为新海诚的中国代言人，刘秀是《天气之子》，王莽是《天弃之子》。

○太清三年五月辛巳（549年7月7日），梁武帝萧衍第三子萧纲即皇帝位，是为简文帝。

今日极简史

7月8日

记录下今天的你

最后的状元

光绪三十年五月癸卯（1904年7月8日），中国最后一名状元刘春霖进士及第，所谓“第一人中最后人”。

传说当年大旱，慈禧见“春霖”含春风化雨、甘霖普降之意，将本为第二的他擢为第一。事实上，这一年风调雨顺没有旱灾，慈禧当天也没在现场，而且试卷是糊名的，拆开才能知道名字。当时进呈的卷本刘春霖确实排第二，但光绪皇帝认为第二的书法比第一的好，因此刘春霖因为书法好而当了状元。不过，字写得潦草难看也不用气馁，可以当医生。

○竟宁元年五月壬辰（前33年7月8日），汉元帝刘奭崩于未央宫。

今日极简史

7月9日

福禄寿考郭子仪

记录下今天的你

古往今来少有的全方位无死角牛人，一生历经武则天、中宗、睿宗、玄宗、肃宗、代宗、德宗七朝的汾阳忠武王郭子仪，于建中二年六月辛丑（781年7月9日）去世。

这位乃福禄寿考千古第一人，匡扶天下于危难，成就千古功名，活到84岁，福寿绵长，以外姓封王，显赫无双，八子七女，尽享天伦。身后事更夸张：四子封公，女儿全部嫁给权贵，孙女又成了皇太后。全天下的好事被他占尽了。

这人别名有意思，叫郭汾阳。所以有人调侃郭汾阳有此好运全赖有个好父亲，他父亲肯定是个有德的小黑胖子。当然大林的父亲也很厉害——明将于谦。

○建安十三年六月癸巳（208年7月9日），曹操自为丞相。

○万历十年六月丙午（1582年7月9日），明朝重臣张居正去世。

记录下今天的你

南朝宋立国

永初元年六月丁卯（420 年 7 月 10 日），“金戈铁马，气吞万里如虎”的刘裕即帝位。刘宋立国，中国正式进入南北朝时期。

这次改朝换代是禅让。政权交接温馨和谐。五天前，中书令傅亮暗示晋恭帝司马德文禅位给刘裕。晋恭帝非常配合，说了一段肺腑之言：“今日禅位我心甘情愿，‘桓玄之乱’发生时，晋朝其实已经剧终了，是刘先生凭借自己的能力，延续了一季，又续了一季，接着续了十几季。刘能续命，我能让贤，刘能！收下这《乡村爱情》剧本，象牙山从今以后的发展，就交给你了！”

○贞观二十三年五月己巳（649 年 7 月 10 日），唐太宗李世民去世。

○正德十四年六月丙子（1519 年 7 月 10 日），宁王朱宸濠造反。

今日极简史

7月11日

郑和下西洋

永乐三年六月己卯（1405 年 7 月 11 日），“中官郑和帅舟师使西洋诸国”，郑和第一次下西洋。

郑和下西洋的目的，《明史》说得很清楚：“成祖疑惠帝亡海外，欲踪迹之，且欲耀兵异域，示中国富强。”明成祖“耀兵异域，示中国富强”的目的肯定是达到了的。据统计，从洪武到成化，整个明朝白银总量一共才 3000 万两，郑和七次下西洋就花掉了 600 万两。“国初，府库充溢，三宝郑太监下西洋，赍银七百余万，费十载，尚余百余万归”。真可谓“为你我用光了大明的积蓄，漂洋过海地来看你”。

记录下今天的你

○永兴二年六月甲子（305 年 7 月 11 日），“竹林七贤”之一，侍中、司徒、安丰侯王戎薨。

○天监十八年五月二十九日（519 年 7 月 11 日），梁武帝萧衍发布《断酒肉文》，从此中国和尚再也不能吃肉了。

今日极简史

7月12日

记录下今天的你

“面首”

南朝宋大明八年闰五月庚申（464年7月12日），南北朝时期著名暴君、南朝宋第六位皇帝刘子业即皇帝位。

刘子业的姐姐山阴公主见弟弟做了皇帝，说：“你后宫女人成百上千，姐姐我却只有一个老公，是不是不公平？”刘子业马上发放了三十个俊男专门陪姐姐，“帝乃为主置面首左右三十人”，这是“面首”一词第一次出现在史籍中。事情还没有结束，山阴公主的姑父褚渊是美男子，公主又叫弟弟下令姑父服侍自己，褚渊只能遵命，岂料两人共处了十天，什么事情都没有发生，可能是公主的姑父遇到了公主的姨妈。

○开元四年六月癸亥（716年7月12日），唐睿宗李旦在百福殿驾崩。

今日极简史

7月13日

建文帝去哪儿了？

记录下今天的你

建文四年六月乙丑（1402年7月13日），燕王朱棣打到了南京城的金川门，南京城守备司令李景隆见势不妙马上投降，建文帝在宫中自焚而死。

《明史》说火灾过后找到了建文帝的尸体，“燕王遣中使出帝后尸于火中，越八日壬申葬之”。但笔锋一转，又说建文帝可能从秘密地道出逃了。正统五年，广西武鸣出现一个自称建文帝的和尚。云南、贵州、四川等地亦有传闻说建文帝出家为僧。又有传闻说他流落南洋……此事成为明初最大疑案。建文帝的最终下落谁都不清楚，行走在奇妙的生死叠加状态的他到底去了哪里，连薛定谔都不知道。

○永始元年六月丙寅（前16年7月13日），汉成帝封赵飞燕为皇后。

汉景帝即位

汉文帝后元七年六月己亥（前157年7月6日），汉文帝崩于未央宫。丁未（前157年7月14日），太子汉景帝刘启即位称帝。

7月14日对汉景帝来说是很开心的一天，不仅做了皇帝，还做了爸爸。汉武帝刘彻的生日是汉景帝元年六月丁未日，即公元前156年7月14日。

《汉武故事》说刘彻“以乙酉年七月七日旦生于猗兰殿”，七夕这天过生日是什么感觉？不用买生日蛋糕，因为身边撒满了狗粮。

○熙宁六年六月初七（1073年7月14日），周敦颐辞世，年五十七。

今日极简史

7月15日

马嵬驿兵变

天宝十五载六月丙申（756年7月15日），马嵬驿兵变。龙武大将军陈玄礼认为“安史之乱”是杨贵妃的哥哥杨国忠造成的，杨国忠及贵妃的两个姐姐被杀后，陈玄礼还要杀杨贵妃。玄宗舍不得，高力士说：“陈玄礼已经杀了杨国忠，贵妃还在您身边，他怎么能放心？”玄宗无奈，把贵妃叫到佛堂，交给高力士勒死。

此事《旧唐书》《新唐书》《资治通鉴》写得清清楚楚，但我妈坚信杨贵妃没死，而是逃去了日本。她的证据是手机短信：“您好，我是杨贵妃，我在日本没有死，现在需要2000元解冻一批黄金……”

记录下今天的你

○贞观二十三年六月甲戌（649年7月15日），李治即皇帝位。

今日极简史

7月16日

郎世宁去世

记录下今天的你

乾隆三十一年六月戊申（1766年7月16日），意大利人郎世宁在北京去世，乾隆“予故三品衔西洋人郎世宁侍郎衔”。

西方传教士从明朝万历年间开始大规模进入中国，后来发现光是传教不行，必须有点手艺才能接近高层。譬如利玛窦的地图绘制水平和医学水平很高；汤若望会做天文仪器；郎世宁则是绘画技术精湛，并有所创新。他将中国工笔绘法和西洋画三维要领巧妙结合，既有西洋画的表现力，又有中国画的审美意境，因此得以入宫做御用画师，但是日子并不好过，不仅不能传教，还要强制隔离，“严加约束，禁绝旗民往来，以杜流弊”，活得像中国电信广告：少移动，不联通。

○绍兴三十一年六月癸亥（1161年7月16日），金主（海陵王完颜亮）备法驾入南京，奉太后居宁德宫。

今日极简史

7月17日

朱棣即皇帝位

建文四年六月己巳（1402年7月17日），朱棣诣奉天殿即皇帝位。

朱棣能够攻破南京夺了侄子朱允炆的天下，朱允炆的“朱队友”出力最多，朱允炆组建的以李景隆、齐泰、黄子澄、方孝孺为首的智囊团，总能在最关键的时刻突发间歇性智障，使得朱棣节节推进。当然，厥功至伟的是建文帝本人，他怕担上弑杀叔父的骂名，千叮万嘱平叛部队不能杀朱棣，此话既出，谁都不敢放开手脚，处处受制，节节败退，朱允炆自己最终也以自焚收场。所以护爱叔父的他，死后被追封为“护叔宝”，和2月10日那口井一样。建文帝也确实像那口井，横竖都是“二”。

记录下今天的你

○元嘉十七年六月己未（440年7月17日），南朝齐武帝萧赜生于建康县青溪宫。

○建隆二年六月甲午（961年7月17日），赵匡胤的母亲，皇太后杜氏崩于滋德殿。

○道光十一年六月初九（1831年7月17日），咸丰帝出生。

今日极简史

7月18日

记录下今天 的你

刘贺受皇帝玺

元平元年四月，汉昭帝崩。因为昭帝没有儿子，于是立宗室昌邑王刘贺为帝，六月丙寅（前74年7月18日），刘贺受皇帝玺。

然而，27天后的六月癸巳（8月14日），刘贺因荒淫无度，被太后废为庶人，赶回了家。《汉书》说刘贺在位27天，坏事做了1127件，平均每天41.74件。“诏诸官署征发，凡一千一百二十七事。”所以作为皇帝的刘贺，每天睁眼却是一种出租车司机的感觉：“今天的指标要完成啊，刚把跌！”

○乾化二年六月戊寅（912年7月18日），后梁太祖朱温被儿子朱友珪弑杀。

○天成二年六月丙申（927年7月18日），后唐封楚王马殷为楚国王。

今日极简史

7月19日

天下第一宅男

记录下今天的你

隆庆六年六月甲子（1572年7月19日），朱翊钧即皇帝位，改明年为万历元年。

万历皇帝是历史上著名的“六不”宅男，“不郊、不庙、不朝、不见、不批、不讲”，就在后宫宅着。上奏文件十有八九“不批、不讲”，非遇到极端情况“不朝、不见”。笔者查阅《明史》，万历中后期几十年里，一共只有六次接受朝见，确实懒得过分。幽默的是，万历皇帝死后入葬定陵，1958年定陵被发掘，次年建成博物馆对外开放，游客络绎不绝。所以，不出来混，迟早也是要还的。

○元统元年六月己巳（1333年7月19日），元顺帝孛儿只斤·妥欢贴睦尔即位于上都。

今日极简史

7月20日

薛仁贵一战成名

贞观十九年唐征高丽，六月戊午（645年7月20日），一支唐军被高丽军包围，危难时刻一个身着白袍的猛士手持方天画戟冲进包围圈，见谁捅谁。高丽人被捅得鬼哭狼嚎，唐军乘势四面掩杀，大获全胜。李世民目睹后十分震惊，战后召见白袍小将，得知此人乃南北朝名将薛安都的六世孙，名叫薛仁贵。薛仁贵从此发迹。

薛仁贵脱颖而出，服装是关键中的关键。《旧唐书》说薛仁贵“欲立奇功，乃异其服色，着白衣”。这一身白袍见谁捅谁，让我想到了医院护士，区别是一个用方天画戟，一个用消毒棉签。

记录下今天的你

○建文四年六月壬申（1402年7月20日），葬建文皇帝。

今日极简史

7月21日

记录下今天的你

隋文帝出生

北周大统七年六月癸丑(541年7月21日)夜，隋文帝杨坚出生于冯翊般若寺。

别人是生人，他是吓人，生出来头上忽然长出了角，身上遍布鳞片。他母亲吓得失手将其摔到了地上。杨坚长大后更奇怪，脑门上隆起五根柱子，眼放贼光，身长腿短。手也奇怪，掌纹一般是“川”字，可能因为事业线很深，他的掌纹是“王”字。总之怪到让人觉得他不是人。因此有了传言，说他妈当年把他扔在地上根本没捡，捡起来养大的是胎盘。

○宣政元年六月戊戌（578年7月21日），北周宣帝宇文赟即位。

○贞观二年六月庚寅（628年7月21日），唐高宗李治出生。

今日极简史

7月22日

记录下今天的你

石重贵出生

天祐十一年六月二十七日（914年7月22日），后梁出帝石重贵出生。

石重贵是石敬瑭大哥的儿子，偏偏石敬瑭自己的儿子死个精光，石重贵阴差阳错得了帝位。

五代十国皇位继承特别奇怪，除了后汉刘知远传给了儿子，几乎都是干儿子接班。后梁的朱温曾把自己的干儿子朱友文立为太子。继承后周太祖郭威皇位的周世宗柴荣也是干儿子。后唐也是李克用的干儿子李嗣源即位，李嗣源死后，干儿子李从珂继位。“三姓家奴”的吕奉先若是生活在这个时代会怎样？一定是：后晋少帝吕布，后唐明宗吕布，后周世宗吕布。

○元和四年六月初七（809年7月22日），唐敬宗李湛出生。

今日极简史

7月23日

记录下今天的你

白莲教

顺治三年六月丙戌（1646年7月23日），禁白莲、大成、混元、无为等教。

白莲教是个古怪的教派，从来都是被禁，又从来禁不住。此教起源于北宋，南宋初，吴郡僧人茅子元创建白莲宗。其核心教义是宣扬世界末日时救世主弥勒会降世。信了得救，不信下地狱。因此一直被历代反政府组织利用，红巾军、天理教、洪门、义和团，都能找到白莲教的影子。类似加盟店，任何一个有志于反动事业的组织都拿它作为理论。可惜名声越来越臭，从白莲发展成榴莲，彻底退出历史舞台。

○建炎元年六月辛未（1127年7月23日），宋高宗以贤妃潘氏生皇子旉，赦天下。

今日极简史

7月24日

皇帝退休

绍兴三十一年，完颜亮南侵把赵构吓坏了，怕做亡国之君，于是赶紧“甩锅”。第二年六月丙子（1162年7月24日），宋高宗赵构行内禅礼，诏皇太子即皇帝位。

巧的是32年后的同一天，绍熙五年七月甲子（1194年7月24日），宋光宗赵惇也内禅，“诏嘉王扩成服即位”。

赵构退休后成了一个有味道的皇帝。辛弃疾告诉朱熹，说老皇帝退休后专职收大粪——“向见辛幼安说，粪船亦插德寿宫旗子。”因为身份高得不像话，“众里寻翔千百度”的掏粪老男孩除了野狗，一个竞争对手都没有。

记录下今天的你

○明昌元年六月二十日（1190年7月24日），耶律楚材出生。

○崇祯二年六月戊午（1629年7月24日），袁崇焕杀毛文龙于双岛。

今日极简史

7月25日

甲午战争爆发

清德宗光绪二十年六月戊辰（1894年7月25日），甲午战争爆发。

这场战役中的海战最为著名，不过清与朝鲜接壤，因此对于清政府来说陆战更为重要。陆战中守朝鲜的主帅叶志超怕死，竟想到当时一个不成文的规定——不设防的城市不能进攻。便派人送信给日军告知自己不设防，于是日军迅速占领整个朝鲜。日军一来，清军就跑，日军就跟着。进入中国后进攻大连，清军闻风溃逃，清军跑，日军就跟着。接着进攻旅顺，日军一来，清军就跑，日军就跟着，亦步亦趋，时刻不分，形影不离，日军因此困惑：这到底是清军还是导游？

记录下今天的你

○唐隆元年六月甲辰（710年7月25日），唐睿宗李旦第二次即皇帝位。

记录下今天的你

《打金枝》

永泰元年七月甲午（765 年 7 月 26 日），唐代宗将女儿升平公主嫁给郭子仪的儿子郭暧。

公主嫁过去后根本不把郭家放在眼里，郭子仪寿辰，升平公主坚决不去拜寿，郭暧忍无可忍打了公主。公主则回娘家哭诉，逼求唐代宗治罪郭家。郭子仪则绑了郭暧上殿请罪，代宗并未治罪郭家，皇后则劝婿责女，因此诞生了著名戏曲《打金枝》。有趣的是，事件过后小夫妻尽释前嫌，相敬如宾，果然验证了名言：“公主病打一顿就好了。”

○咸康八年六月癸巳（342 年 7 月 26 日），晋成帝司马衍驾崩。

今日极简史

7月27日

武宗灭佛

唐武宗李炎信道教憎佛教。和尚是当时唐朝三大有钱人之一，另外两个是和尚的老婆和丈母娘。会昌六年七月庚子（846 年 7 月 27 日），武宗开始了著名的灭佛运动，成绩如下：还俗僧尼二十六万五百人。拆寺院四千六百余所，拆民间宗教活动场地四万余所，僧产全部没收。收膏腴上田数千万顷，无论寺庙还是民间，有关宗教的金属制品全部充公，铜铸造钱币，铁打造农具。经此整顿，唐朝新三大有钱人诞生：李王氏、王某氏、唐武宗。是的，前两个是武宗的老婆和丈母娘。

记录下今天的你

○咸康八年六月甲午（342 年 7 月 27 日），晋康帝司马岳即皇帝位。

○元和五年六月二十二日（810 年 7 月 27 日），唐宣宗李忱生于大明宫。

○显德六年六月癸巳（959 年 7 月 27 日），后周世宗柴荣崩。

记录下今天的你

“双皇连”

天福七年六月，后晋太祖、“儿皇帝”石敬瑭驾崩，乙丑（942 年 7 月 28 日），侄子石重贵即位。他能上位，竟是因为眼睛大。当年石敬瑭和辽太宗耶律德光选择国家储备领导人时，耶律德光说，这小子眼睛大，就是他了，“此眼大者可矣”。

巧的是 17 年后的同一天，五代后周显德六年甲午（959 年 7 月 28 日），柴荣的儿子柴宗训即位。这两位还有一个共同点，都是末代皇帝。两个命运凄惨的亡国之君同一天登基，能说明什么？说明“双皇连”真的很苦很苦啊。

○贞观十年六月己卯（636 年 7 月 28 日），皇后长孙氏崩于立政殿。

今日极简史

7月29日

先天政变

记录下今天的你

先天二年七月，太平公主准备叛乱，李隆基先下手，甲子（713年7月29日）率禁兵三百余人从武德殿入虔化门，一路走一路杀。太上皇唐睿宗爬上承天门的门楼看热闹。于是李隆基把他推上前台表态，历数太平公主坏事。接着李隆基将公主党成员一举歼灭。太平公主见势不妙，逃进了深山，三天后饿得受不了，自首，被赐死。太平公主因此多了个名称：太平间公主。

○鲁哀公十四年八月辛丑（前481年7月29日），孟子的六世祖孟懿子去世。

记录下今天 的你

隋唐第一好汉

武德元年七月丙午（618 年 7 月 30 日），“追封皇子玄霸为卫王”。

此人便是评书《说唐》里的隋唐第一好汉李元霸，后世为避康熙帝玄烨讳而改作“元霸”。李元霸“使一对铁锤，四百斤一个，共重八百斤”。以《唐六典》中唐银铤折算，当时每斤约合今 664 克，李先生两个锤子重 531 千克。这是什么概念？男子挺举 89 公斤级世界纪录是 213 千克，李先生可以一次性抓起两个这么重的杠铃，杠铃上还带着举杠铃的冠军！

李元霸如此霸道，能制服他的大概只有罗永浩。按评书说法，他死于从天而降的锤子。

○政和元年六月甲寅（1111 年 7 月 30 日），复蔡京为太子少师。
○皇统二年七月丁酉（1142 年 7 月 30 日），金太傅宗弼乞致仕，金熙宗不许。

今日极简史

7月31日

北周铸“布泉”

记录下今天 的你

北周保定元年七月戊申（561 年 7 月 31 日），北周政府铸造了一种新钱，文曰“布泉”。

在古代，因货币的流通性像是水流，遂将“钱”称“泉”。王莽篡汉后，因“钱（錢）”“铢（銖）”等字的金字旁和“刘（劉）”字相近，他不舒服，便以“泉”代“钱”，铸“货泉”“布泉”以及“小泉直一”至“大泉五十”等六泉。此后，还有三国孙吴之“大泉五百”“大泉当千”，唐及五代之“乾封泉宝”“永通泉货”等。“泉”和“钱”越来越密不可分，基本上能够通用，除了能让孟姜女哭出一家银行的“泪如泉涌”。

○熙宁十年七月丁巳（1077 年 7 月 31 日），沈括被贬为起居舍人，降职宣州。

清 佚名 十二月月令图⑧

今日极简史

8 月

今日极简史

8月1日

高梁河战役

记录下今天的你

太平兴国四年，宋太宗发动对辽战役。七月，部队推进到燕云腹地，癸未（979年8月1日），宋辽两军在高梁河展开决战。

开战之初，辽国南府宰相耶律沙拖住宋军，消耗战力。傍晚，耶律休哥的增援部队突然出现，士兵每人拿两个火炬，远远看去人数增倍。宋军军心动摇，被辽军追杀三十里，斩首万余级。

宋军这场战役打得确实狼狈，宋太宗被打到与部队失散，连战马都丢了，坐驴车逃窜。太宗以迅雷不及电驴之势绝尘而去，漂移到保定只花了不到一天时间，从此被称为与舒马赫齐名的“高梁河车神·舒驴赫”。

○元徽五年七月戊子（477年8月1日）夜，南北朝宋废帝刘昱殒于仁寿殿，时年十五。

○熙宁元年七月初一（1068年8月1日），金太祖完颜阿骨打出生。

今日极简史

8月2日

记录下今天的你

赦免官奴

在中国古代，奴隶一般分为官奴和私奴两种。官奴为官府所用，来源主要是罪犯和战俘。私奴一般是因债务无法偿还而沦为奴隶。一旦成为奴隶便世代为奴，想要摆脱奴隶身份，私奴或者自己赎身，或者奴隶主开恩。而官奴，只有政府赦免这一途径。北周保定五年六月辛未（565年8月2日），武帝宇文邕善心大发，下诏说江陵六十五岁以上的官奴，赦免。私奴七十岁以上，政府出钱赎身。此后整个国家只剩下一个叫“房子”的奴隶主。

○崇祯九年七月甲辰（1636年8月2日），平南王尚可喜之子尚之信出生。

今日极简史

8月3日

占星术

曹魏正始七年七月丁丑（246年8月3日），月亮出现在角宿星位置，占星官解读为“天下有兵，左将军死”。天文志中这类死亡占词特别多，但是对应期限都特别漫长。正始七年这个预测直到三年后的嘉平元年才兑现——是年，大将军曹爽被诛杀。

古代占星术基本不可能准确落实到某时某地某人，但古人对此很宽容，只要数年内大致兑现都视为灵验。这一点占星师比不过唐朝诗人崔颢，崔先生能够将预言具体到人，早在一千多年前就预言过：“黄鹤一去不复返，统统只要二十元。”

记录下今天的你

○雍正二年六月十五日（1724年8月3日），纪晓岚出生。

记录下今天的你

《洛神赋》

建安九年，曹操攻破邺城，安排儿子曹丕娶了袁熙的妻子甄氏。曹丕另一个老婆郭女王与甄氏争宠，甄氏不服，口吐芬芳牵扯到了老公。郭女王趁机告状。曹丕大怒，黄初二年六月丁卯（221年8月4日），“遣使赐夫人死”。传说她的死令爱慕他的小叔子曹植悲伤不已，因此创作千古名篇《洛神赋》。不过我堂哥专门写了一篇文章考证说《洛神赋》和甄氏没有任何关系，我问这个败兴的玩意：“原型不是嫂子的话，是谁？”答曰：“饺子……”好像也有道理，“动无常则，若危若安。进止难期，若往若还”，确实像是锅里翻滚的饺子。

○竟宁元年六月己未（前33年8月4日），太子刘骜即皇帝位，是为汉成帝。
○太平真君元年六月丁丑（440年8月4日），北魏文成皇帝拓跋濬出生。
○长庆二年七月壬寅（822年8月4日），出中书舍人白居易为杭州刺史。

今日极简史

8月5日

东汉建立

记录下今天的你

建武元年，刘秀的军队走到鄗城。刘秀在众人劝说下于六月己未（25 年 8 月 5 日）在千秋亭正式称帝，东汉从此开始。

网友曾提出一个有趣的问题：同样是刘邦后裔，为什么刘秀复国成功，刘备却失败了？如果一本正经地从血统、威望、能力、运势、对手等方面详尽细致地逐一比较分析，很专业却很无趣，篇幅有限不做展开。比较有趣的答案是：刘秀好朋友多，凭借“云台二十八将”东汉再起；刘备则交友不慎，注定倒闭——关张。

○光绪三十一年七月丙子（1905 年 8 月 5 日），罢御史巡视五城及街道，改练勇为巡捕。中国的警察制度正式建立。

今日极简史

8月6日

记录下今天的你

靖难之役

明朝建文帝上位后，积极实施削藩政策。不到一年时间将五位藩王贬为庶人。其中性情刚烈的湘王甚至全家自焚。燕王朱棣见势不妙，马上开始装疯卖傻。堂堂王爷跑到街上疯狂号叫，见吃的就抢，吃饱了躺在街上鼾声大作。建文帝派人观察，朱棣大夏天钻进被窝，又在边上生火。建文帝还是将信将疑。建文元年七月癸酉（1399年8月6日），朱棣的“北京热”实在演不下去了，是日“举兵反”。当时他能调集的兵士只有八百人，“率壮士八百人入卫”，所以今天既是靖难之日，也是绕口令“八百标兵奔被窝”诞生之时。

○鲁成公二年八月壬午（前589年8月6日），宋文公卒。

今日极简史

8月7日

金圣叹被斩首

顺治十八年七月庚申（1661年8月7日），文学批评家金圣叹因“哭庙案”被斩首。

传说金圣叹临刑前向儿子交代了一个配方，云：“花生和豆腐干同嚼，有火腿味。”传说有趣，却不是史实。《辛丑纪闻》《哭庙纪略》说临刑时金先生“口塞栗木”，儿子更近不了身，“亲人观者稍近，则披甲者枪柄刀背乱打”。《清稗类钞》说配方一事确实存在，但不是刑场口述，而是写在遗书里：“盐菜与黄豆同吃，大有胡桃滋味。”这两款食谱我大哥陈晓卿都反复尝试过，说花生和豆腐干同嚼，多吃点确实有火腿味；至于黄豆，吃多了有屁味。

记录下今天的你

○天顺五年七月庚子（1461年8月7日），明朝大太监曹吉祥发动叛乱失败。

○康熙元年六月乙丑（1662年8月7日），南明大将李定国在勐腊病发身亡。

理藩院

清崇德元年，蒙古各部已经归附。皇太极因此创立了专门负责处理蒙古事务的“蒙古衙门”，崇德三年六月庚申（1638年8月8日）将“蒙古衙门”改名“理藩院”，也就是外事办了。再之后，蒙古、西藏、青海、新疆及西南土司等地的少数民族事务都由其管理，后来对俄事务也归其管辖。因处理民族事务，理藩院的最高长官理藩院尚书基本由满族或蒙古族官员出任。唯一一次考虑由汉人曾国藩当院长，他还不干。在他看来，理藩院怎么看都是“修理曾国藩的院子”。

○泰始五年七月癸丑（469年8月8日），南朝宋明帝刘彧第三子、宋顺帝刘准出生。
○武成三年七月戊子（910年8月8日），前蜀吏部尚书、大诗人韦庄去世。
○同治五年六月二十八日（1866年8月8日），金石学家罗振玉出生于江苏淮安。

今日极简史

8月9日

卸甲风

洪武二年七月己亥（1369年8月9日），鄂国公常遇春卒于军。

关于常遇春的死因，后世比较流行的说法是“卸甲风”。这是一种职业病，军人披甲作战时，剧烈运动产生的热量无法及时排除，一身是汗。战斗结束后如果立即脱掉铠甲，就容易中风。但常将军经常犯忌，最后也因此身亡。

这种说法有些扯淡，若事实如此，喜欢蒸桑拿的芬兰人早就被灭国了。

记录下今天的你

○永定三年六月丙午（559年8月9日），南北朝陈高祖陈霸先病逝。

今日极简史

8月10日

记录下今天的你

《新唐书》完成

嘉祐五年七月戊戌（1060 年 8 月 10 日），翰林学士欧阳修等上所修《唐书》二百五十卷，《新唐书》完成。

五代后晋刘昫、张昭远曾编撰过一部《唐书》，这便是《旧唐书》。至宋欧阳修重新编纂唐史，一朝两部史，都算在“廿四史”之内，可知各有千秋。《旧唐书》原始材料胜过《新唐书》，并且语言流畅易懂。《新唐书》佶屈聱牙，但唐朝中后期资料更加丰富。若有选择障碍，直接看《资治通鉴·唐纪》。若还嫌麻烦，看《一个都不正经》《历史就这七八样》《人五人六》，还有这本《今日极简史》。

○武德四年七月癸酉（621 年 8 月 10 日），唐高祖李渊在洛、并、幽、益等州设置造币厂，“开元通宝”横空出世。

今日极简史

8月11日

蒙哥去世

记录下今天的你

开庆元年（蒙古宪宗九年）七月癸亥（1259年8月11日），“蒙古主（蒙哥）殂于钓鱼山，寿五十二”。关于他的死，伊儿汗国宰相拉施特的《史集》与毕沅的《续资治通鉴》推断因军中痢疾流行，染病身亡。而《马可·波罗游记》与《万历合州志》则记载蒙哥攻打合州时被矢石重伤后去世。《古今图书集成》载：“炮风所震，因成疾。”黄震的《古今纪要逸编》认为蒙哥因屡攻钓鱼城不克，活活气死。《海屯纪年》则说是落水而死。蒙哥的死因众说纷纭，史学界至今尚无明确结论，可谓：海森堡的蒙哥，没个准儿。

○统和元年七月甲寅（983年8月11日），辽太后听政。这就是《杨家将》里大名鼎鼎的萧太后。

今日极简史

8月12日

记录下今天的你

状元皇帝

受中原文化影响，西夏也有科举，天庆十年（1203年）三月，李遵顼参加癸亥科科举中了状元。“廷试进士，唱名第一。”此事甚至记载在《金史·西夏传》：“遵顼先以状元及第。”按理一个少数民族状元不至于如此大书特书，关键是这位李遵顼是西夏宗室子弟，更传奇的是他其后不停进步，封齐王，封大都督府主……最后，皇建二年七月壬子（1211年8月12日），发动政变废黜襄宗李安全，取而代之做了皇帝。因此成为中国历史上唯一一位状元皇帝。不仅如此，李遵顼厉害之处在于他既是西夏皇帝，也是安徒生笔下的那个裸奔皇帝，此人年号：光定。

○天宝十五载七月甲子（756年8月12日），唐肃宗李亨即皇帝位于灵武，尊玄宗为上皇天帝，改元至德。
○咸淳十年七月癸未（1274年8月12日），宋度宗崩于嘉福殿，年三十三。
○永乐二十二年七月辛卯（1424年8月12日），明成祖朱棣驾崩。

今日极简史

8月13日

关羽生日

记录下今天的你

据《汉前将军壮缪侯关圣帝君祖墓碑铭》载，关羽出生于桓帝延熹三年六月二十四日，也就是160年8月13日。

不过，正史并没有记载关羽的出生日期，《墓碑铭》上的生日很可能不是真的。关羽的很多故事也都是造假：“过五关斩六将”子虚乌有；“温酒斩华雄”实乃孙坚所为；“水淹七军”纯粹是天灾；“单刀赴会”乃正常谈判；“青龙偃月刀”这一兵器直到宋朝《武经总要》中才第一次被提到。

更大的误会是拜他为财神，炒股的也拜，须知这位可是脸红红一点，一身绿油油，大刀割肉，两个手下是关平、周仓，合称平仓。

○仁寿四年七月丁未（604年8月13日），隋文帝在仁寿宫大宝殿驾崩。

记录下今天 的你

陈宣帝出生

南朝梁中大通二年七月辛酉（530年8月14日），南朝陈宣帝陈顼出生。

史载陈顼“身长八尺三寸”，南朝1尺约为24.5厘米，按此换算，此人身高203厘米，而北朝1尺约29.6厘米，若按此换算，此人身高245厘米，比姚明还高。

陈顼的胳膊也很特殊，和刘备一样“手垂过膝”。更诡异的是，陈顼的老婆柳皇后也这样，《陈书》说她“美姿容，身长七尺二寸，手垂过膝”。这两口子能把水袖戏服穿出T恤的感觉，若是手牵手，就是百米赛跑终点那条冲刺带。

○元平元年六月癸巳（前74年8月14日），西汉海昏侯刘贺登基27天后被废。

今日极简史

8月15日

李后主出生

记录下今天的你

《五代史》说南唐后主李煜的生日是南唐升元元年七夕（937 年 8 月 15 日）。

巧的是，陆游在《南唐书》中说李煜死的这天正好是他的生日，又正好是七夕节：“七月辛卯殂。是日，七夕也，后主盖以是日生。”死得可谓足斤足两，一天不差。

不过中国人敬畏鬼神，生辰死忌最权威最准确的是墓志铭：“太平兴国三年秋七月八日，遘疾薨于京师里第。”至于陆游的说法，不足信，他《钗头凤》里都承认自己做什么都是“错、错、错”。

○元寿二年六月戊午（前 1 年 8 月 15 日），汉哀帝刘欣在未央宫驾崩。

○咸通十四年七月辛巳（873 年 8 月 15 日），唐懿宗李漼崩于咸宁殿。

○致和元年七月庚午（1328 年 8 月 15 日），元泰定帝崩于上都。

萧何去世

西汉惠帝二年七月辛未（前193年8月16日），萧何去世。萧何买的房子永远在穷乡僻壤的城郊，也从不买好房子。理由是：如果后代学好，肯定像他一样生活俭朴，也就不用住好房子；不学好，肯定就会出事，出事也没事，这些破房子权势之家也看不上，也就不会来抢，后人总能有个安身之处。萧家的后人确实也没人去住这些破房子。萧何二十四世孙萧道成是南朝齐开国皇帝，二十五世孙萧衍是南朝梁开国皇帝，都有不靠爹妈自己购置新房的能力。因此今天留下的老房子就一直空着，小区又不敢去找业主收物业费，“找萧”的结果肯定是挨揍。

记录下今天的你

○大同四年七月癸亥（538年8月16日），李胤之献佛舍利，梁武帝大赦天下。

今日极简史

8月17日

石勒驾崩

咸和八年七月戊辰（333 年 8 月 17 日），十六国后赵开国皇帝石勒崩。

石勒是一位传奇的皇帝，起点甚至比朱元璋还低，朱元璋开局还有一个要饭碗，石勒连碗都没有，是个人身自由都没有的奴隶。晋惠帝太安年间并州饥荒，逃荒途中的石勒被人逮去卖了，成了佃奴。奴隶主看他长相古怪，认为他会有大作为，就把他放了。石勒后来投奔起兵自立的刘渊，南征北讨，从食物链最底端走到最顶端，最终在 319 年建立后赵政权，成为中国历史上唯一一个奴隶皇帝。其人生轨迹，与我家那条狗高度相似，三年前捡到它时还在流浪，现在成了一家之主，逮谁咬谁！

记录下今天的你

○永定三年六月甲寅（559 年 8 月 17 日），陈文帝陈蒨即皇帝位于太极前殿。

记录下今天的你

“吃醋”的由来

贞观二十二年七月癸卯（648年8月18日），司空、梁国公房玄龄薨。

房玄龄一生做大事无数，可自己的老婆只做了一件事，便死死压住了他的风头。《朝野佥载》说李世民赐给房玄龄美女做妾，房玄龄怕老婆，不要。李世民派人送去一壶毒酒，告诉房夫人要么收下送来的妾，要么喝下毒酒。夫人端起来一饮而尽，发现装的是醋，“吃醋”由此而来。房家人古怪极了，老婆拼命吃醋，儿子房遗爱反着来。他娶的高阳公主与玄奘的徒弟和尚辩机私通，小房不仅不吃醋，竟然还为他俩看门放风，欧阳修写《新唐书》时都蒙了，因此感慨：小房这胸怀比大海还宽广，是胖大海。

○汉高后八年七月辛巳（前180年8月18日），吕后去世。
○万历四十八年七月丙申（1620年8月18日），明神宗朱翊钧驾崩。

今日极简史

8月19日

大礼议

正德皇帝没有儿子，堂弟嘉靖继位。文官集团非要嘉靖认堂哥正德的父亲做爹才符合祖宗礼法。嘉靖当然不高兴，从登基开始便不屈不挠地和“换爹集团”斗，嘉靖三年七月，换爹派代表杨慎带两百多大臣跪请世宗换爹。二十日（1524年8月19日）嘉靖下令当场打死了十六名官员。此后换爹派官员再不敢嘴炮，为时三年的“大礼议”以嘉靖获胜正式落幕。笔者对这破事不能理解。更不能理解的是吕布先生，换个爹多大点事！最不能理解的是德云社演员，台下观众都是爹，我说什么了？而主谋杨慎，杖责后贬往云南：“滚！滚！”杨慎在后面加了五个字：长江东逝水。名篇《临江仙》诞生了。

记录下今天的你

○神龙二年七月戊申（706年8月19日），唐中宗李哲立卫王李重俊为皇太子。

○景龙三年七月己巳（710年8月19日），唐睿宗册平王为皇太子，大赦天下，改元景云。

金屋藏娇

汉武帝刘彻小时候，姑姑问他长大想娶谁做老婆，刘彻说我要娶你女儿阿娇，给她盖一个黄金宫殿。于是有了成语“金屋藏娇”。但是，武帝和阿娇结婚之后变了心，阿娇连哭带闹失去理智，居然指使女巫在宫里行巫蛊之术。接着还被女巫钻了空子，和寂寞难耐的阿娇“共卧起，俨若夫妇”。行巫蛊本已不能容忍，又做出如此大逆不道之事。武帝震怒，元光五年七月乙巳（前130年8月20日）正式废掉阿娇皇后名号。只要和阿娇有联系的全部受牵连，自然包括阿萨，甚至阿萨姆奶茶……刘若英：“我招谁惹谁了？”

记录下今天的你

○建炎四年七月乙卯（1130年8月20日），金人将宋徽宗、宋钦宗二帝从韩州迁往五国城。

今日极简史

8月21日

蒙古国子学

至元六年（1269年）八思巴创制的蒙古字颁行后，为了教习这些文字以便全国通用，专门设立了“蒙古国子学”教习新文字。

至元九年七月壬午（1272年8月21日），和礼霍孙上奏说，来学蒙古字的都是蒙古孩子，汉官家的孩子一个没有。忽必烈因此下诏：无论民族，官员的孩子都必须入学。三年后考试，效果并不好。一是汉人有文化优越感，觉得学这些文字不是正道，都不来上学。二是这新创造的蒙古文字极不合理，很不好用。最终来参加考试的还是蒙古孩子，考试项目还是套马、烤羊腿、搭建蒙古包、空腹喝三斤白酒。

记录下今天的你

○顺治二年七月初一（1645年8月21日），清朝戏曲家、《长生殿》作者洪昇出生。

今日极简史

8月22日

记录下今天的你

龙袍的颜色

早期龙袍的颜色并无规定，《礼记》说周天子“着青衣”。秦汉穿黑袍。隋开皇元年七月乙卯（581年8月22日），隋文帝选择了一件新颜色的皇袍，《资治通鉴》说这可不是一件小事，中国皇帝穿黄色衣服就是从今天开始的。但当时并没有明令禁止他人穿黄色衣服，百官大臣与庶民百姓也可穿黄袍。到唐朝李渊时，黄袍才为皇帝专用，皇帝开始像外卖小哥。唐太宗李世民还规定了官员的服色：三品以上为紫，四品五品为朱，六品七品为绿，八品九品为青。没有蓝色，蓝色是专门给找别扭的竞争对手穿的。

○金正大四年七月初九（1227年8月22日），丘处机在长春宫宝玄堂辞世。

○咸丰十一年七月癸卯（1861年8月22日），咸丰帝崩于行宫，年三十一。

今日极简史

8月23日

庶人怎样取名

记录下今天的你

至治元年七月三十日（1321 年 8 月 23 日），张士诚出生。最初家里给他取名张九四，这名字有些草率，但是没有办法，元朝平民不能有名字。俞樾在《春在堂随笔》说：“元制，庶民无职者不许取名，止以行第及父母年齿合计为名。”张士诚名张九四，也许是整个家族兄弟里排行第九十四，或者是父母年龄总和 94 岁。但《春在堂随笔》的说法有些武断和想当然，以朱元璋为例，朱重八的父亲叫朱五四，祖父叫朱初一，曾祖叫朱四九，高祖叫朱百六，太祖叫朱仲八。后两位是宋朝人。可知以数字为名是古代平民普遍习俗。并且这个习惯至今依旧盛行，譬如：伍佰。

○兴元元年八月壬寅（784 年 8 月 23 日），颜真卿被叛军缢杀。

○开宝元年七月戊申（968 年 8 月 23 日），北汉睿宗刘钧卒，养子继恩继位。

今日极简史

8月24日

苏轼去世

建中靖国元年七月二十八日(1101年8月24日),六十五岁的苏轼在常州辞世。苏轼临死前对三个儿子说:“我平生没做什么坏事,不会入地狱的。”按照《梦游集》描述,苏轼死后转世成了明代四大高僧之一的憨山德清。憨山和尚到过很多苏轼曾去过的地方,所有景致全都似曾相识,因此坚信自己就是苏东坡转世。而憨山和尚的下一世依旧是和尚,乃虚云法师。这就有趣了,苏先生在《冷斋夜话》明确说自己是五戒和尚转世,前世和尚,转世和尚,再世和尚,按这种安排,苏大师现在应该在深圳,“三和大神”嘛。

记录下今天的你

○乾元元年七月丙戌(758年8月24日),唐肃宗初铸新钱,文曰“乾元重宝”,用一当十,与开元通宝同行用。

今日极简史

8月25日

成吉思汗驾崩

记录下今天的你

蒙古太祖二十二年七月己丑（1227年8月25日），成吉思汗崩于萨里川哈老徒之行宫。临死前，成吉思汗叫来左右大臣说：“金的精兵在潼关，不好破。宋、金两国是世仇，跟宋朝借道去他打的大梁，金国必然着急，必然调动潼关的守军。两地相隔千里，赶到大梁也就累完蛋了，这样潼关和大梁两地全能攻破。”说完，死了。

此后蒙古确实按照成吉思汗的遗言展开了军事行动，很遗憾，南宋就是不同意借道。倒是成吉思汗死后第三天，西夏国王前来吊唁，监国的拖雷歪着脑袋想了一会儿，来了灵感：“把他杀了，西夏不就亡国了吗？”遂杀之，西夏亡。

○康熙六年七月初七（1667年8月25日），十四岁的康熙帝亲政，在太和殿受贺。

记录下今天 的你

通惠河竣工

元初，从通州到大都的运输只能走陆路，为解决漕运问题，至元二十九年（1292年）水利专家郭守敬主持修建运河，至元三十年七月丁丑（1293年8月26日）竣工。船既通行，公私两便。忽必烈很高兴，将此河命名为通惠河，“赐新开漕河名曰通惠”，接着志得意满站在河边检阅，“见舳舻蔽水，大悦”。写这段是因为我家就住在河边，我爹是个历史爱好者，把故事告诉他，第二天，果然在河边发现我爹cosplay，猴子一样手搭凉棚眺望，“见闲人偷钓，大悦”。

○绍兴十年七月甲寅（1140年8月26日），南宋猛将杨再兴以三百骑兵力在小商桥对阵金兵，“杀二千余人”，最后中箭而死。

今日极简史

8月27日

郑成功出生

记录下今天的你

据《郑氏附葬祖父墓志》：“王父生于甲子年七月十四日辰时。”以此换算，郑成功的生日是1624年8月27日。《台湾通史》云郑成功“诞于千里滨”，即日本长崎县平户市千里滨。出生于此是因为她的母亲田川松就是日本人。混血造成了一个古怪的现象——郑成功的名字从此开始眼花缭乱，最初以母姓为名：田川福松。1630年回国后老师钱谦益给他一个中文名：郑森。再后因南明隆武帝召见，赐姓朱，改名成功。还没完，他的父亲郑芝龙是天主教徒，所以他还有个外文名：尼古拉斯·瑟赛思。历史上第一个集合亚欧明清中日的最大公约数，就这么出现了。

○永明十一年七月戊寅（493年8月27日），南齐武帝萧赜去世，皇孙萧昭业即位。

○大业八年七月癸卯（612年8月27日），隋炀帝率军征高丽，大败而归。

今日极简史

8月28日

记录下今天的你

六祖惠能圆寂

先天二年八月初三（713年8月28日），禅宗六祖惠能圆寂于国恩寺。

禅宗一祖是达摩，二祖是慧可，三祖是僧璨，四祖是道信，五祖是弘忍，六祖是惠能。为什么没有七祖、八祖？原来，禅宗前六代祖师都是一脉单传，六祖惠能圆寂后，禅宗“一花开五叶”，开宗散派，弟子无数，各宗各派都有自己的传承，难以确立谁是整个禅宗的祖师了。此外，作为禅宗掌门信物的“木棉袈裟”被武则天收进皇宫供奉，从禅宗“内传心法，外传法衣”的规矩来说，没了这件信物，便再无祖师。所以六祖死后徒弟狂哭，大徒弟法海哭得最厉害，鼻涕一条泪一条，鼻涕像青蛇，眼泪像白蛇。

○重熙二十四年八月己丑（1055年8月28日），辽皇子燕赵国王耶律洪基即位，是为辽道宗。

○万历四十八年八月丙午（1620年8月28日），明光宗朱常洛即皇帝位，以明年为泰昌元年。

今日极简史

8月29日

凿壁偷光

记录下今天 的你

建昭二年八月癸亥（前37年8月29日），“以光禄勋匡衡为御史大夫”。匡衡便是励志故事“凿壁偷光”的主人公，此时正是他的事业上升期，其后做了丞相，又被封安乐侯。接着就学坏了，安乐侯的食地本为三十一万亩，他则利用地图的漏洞，偷偷多占了四万多亩。到成帝时，被人告发被贬为庶人……美国心理学家埃里克森认为，儿童时期形成的行为习惯一旦养成，将会影响一生。史学家们也这么认为，所以最后得出推论：这小子当年不是偷光，是偷光缆。“偷光”和蹭邻居 Wi-Fi 上网课一样。为了邻居小孩的前途，我决定拔掉自己家的网线。

○永嘉四年七月己卯（310年8月29日），前赵开国皇帝汉光文帝刘渊逝世。
○元和七年七月乙亥（812年8月29日），唐宪宗立遂王李宥为太子，将李宥更名为李恒。
○同治九年八月丁酉（1870年8月29日），汝阳人张汶祥刺杀两江总督马新贻，这便是“刺马案”。

魏明帝的儿子

曹魏太和五年七月乙酉（公元231年8月30日），皇子曹殷出生。魏明帝曹叡非常高兴，大赦天下。

所有人都认为这小孩将继承皇位，曹植甚至为此写下《皇太子生颂》。然而，第二年五月，不到一岁的曹殷死了。做魏明帝的儿子特别难，他此前生有两个儿子曹冏和曹穆，均早夭，今天这个没了之后，魏明帝再也生不出儿子，只能从宗室收养，秦王曹询刚刚过继给他，又死了。魏明帝思前想后，决定收养一个命硬的，占卜结果显示，任城王曹楷的儿子曹芳命硬，就是他了！曹芳确实命够硬——立为皇太子当天，魏明帝曹叡死了。

记录下今天 的你

○乾隆五十年七月二十六日（1785年8月30日），林则徐出生。

今日极简史

8月31日

韩熙载画像

记录下今天的你

开宝三年七月丙寅（970年8月31日），《韩熙载夜宴图》主角、南唐中书侍郎韩熙载卒。

《梦溪笔谈》说，北宋时期流传的韩愈的画像，形象是戴纱帽，有漂亮的胡子，其实并不是韩愈，而是韩熙载。因韩熙载画像题词写的是“韩文公”，世人以为是韩愈。而真实的韩愈是个大胖子，并且没有几根胡子，还老流口水。不过错误一直没有得到纠正，后来各地供奉的韩愈画像，大都是韩熙载。因此供奉韩愈的香火都被韩熙载收了。也不算过分，按族谱他俩是一家人，就当是“压岁钱我帮你保管”开始返还了。

○贞元二十一年八月庚子（805年8月31日），唐顺宗李诵禅位给儿子唐宪宗，史称“永贞内禅”。

○大定八年七月丙戌（1168年8月31日），金章宗完颜璟出生。

清 佚名 十二月月令图⑨

今日极简史

9 月

今日极简史

9月1日

土木堡之变

记录下今天的你

明朝立国后，蒙古残余势力一直盘踞在北方。正统十四年七月，“北元”军队侵犯大同，英宗朱祁镇决定御驾亲征。以他的军事素养，御驾亲征也可称为“送货上门”，八月壬戌（1449年9月1日），明军溃败，英宗毫无悬念被俘，史称“土木堡之变”，这一天正是中秋节。

因英宗被俘，其弟朱祁钰上位，是为景泰帝。瓦剌部得知新皇上位，朱祁镇已经失去利用价值，第二年的景泰元年八月丙戌（1450年9月20日），把明英宗又送回了北京。朱祁钰看朱祁镇越看越像月饼，去年送出去的，今年又给送回来了。是的，八月丙戌这一天，还是中秋节。

○永泰元年七月己酉（498年9月1日），齐明帝萧鸾死于正福殿，太子萧宝卷继承皇位。
○天禄二年七月壬申（948年9月1日），辽景宗耶律贤出生。
○建炎四年七月丁卯（1130年9月1日），金人立刘豫为帝，国号齐，都大名府。

记录下今天 的你

科举制度终结

光绪三十一年八月甲辰（1905年9月2日），朝廷下诏："所有乡、会试一律停止。"持续1300多年的科举制度终结。9月2日这个时间有点尴尬，开学第二天，课本费都交了，告诉我不考试了。

从此，清政府大力提倡开办新式学堂，并给予优秀毕业生进士、举人出身。对留学的"海归"，也会举办考试，根据成绩给予进士、举人出身，再经"入官试验"便可授官。

为安抚钻研八股多年的老式读书人，清政府又推出"宽筹举贡生员出路章程"，根据条款，这些人还是有机会进入朝廷，只是特别难，最轻松便捷的选择是一刀进宫。

○至顺三年八月己酉（1332年9月2日），元文宗驾崩。

○嘉庆二十五年七月己卯（1820年9月2日），嘉庆皇帝驾崩。

○道光十七年八月初三（1837年9月2日），晚清重臣、洋务派代表人物张之洞出生。

今日极简史

9月3日

十二道金牌

记录下今天的你

绍兴十年，岳飞在朱仙镇击溃十万金军，再进一步便可收复故都汴京。此时宋高宗赵构正准备与金议和，急令岳飞回朝，一天连发十二道金牌。七月壬戌（1140年9月3日），岳飞无奈“奉召班师”。

金牌的材质并非黄金，乃长约一尺的木条，上刷红漆，写金字“御前文字，不得入铺”。“御前文字”说的是皇帝亲自签发，“不得入铺”是为了省时提速，不能进驿站逗留，直接在门口交给下一任驿工依次传递。同一内容的班师诏发十二道，则是特别强调，足够重视的意思，可以理解为领导打了12遍电话，岳飞却全部挂断，未接来电引来杀身之祸。

○永安七年七月癸未（264年9月3日），东吴景皇帝孙休薨，孙皓被拥立为帝，是为吴末帝。

○太和五年七月二十三日（831年9月3日），晚唐大诗人元稹逝世。

今日极简史

9月4日

记录下今天 的你

明神宗出生

嘉靖四十二年八月十七日（1563年9月4日），明穆宗朱载坖第三子、神宗朱翊钧出生在裕王府。按明朝惯例，命名当在百日，可是朱翊钧直到五岁才有自己的名字。其原因是祖父嘉靖迷信，自己封的太子在举办完成人礼两天后死了，从此相信“二龙不相见”之说，平时不与子孙相见。并且“凡裕邸喜庆，一切不得上闻”，所以神宗皇帝出生后不敢上报给他。直到朱载坖做了皇帝，神宗才开始有名字“钧”。“钧”就是做陶器时放在泥坯下面的那个转盘。名字确实适合他，这个著名的宅男一生只在宫里转圈，就是不出门，一只特立不行的朱。

○武德九年八月甲子（626年9月4日），李渊禅位，李世民在东宫显德殿即皇帝位。

○至治三年八月癸亥（1323年9月4日），御史大夫铁失等弑元英宗。晋王也孙铁木儿自立为皇帝，改元泰定。

今日极简史

9月5日

汉章帝即位

记录下今天的你

永平十八年八月壬子（75年9月5日），汉明帝刘庄崩于东宫前殿。刘炟即位，是为汉章帝。

汉章帝作为守成之君，政治作为不大，但书法造诣极高。当时流行的字体是隶书，书写速度较慢，到了章帝时代，诞生了一种写起来很快，又能迅速识别的书体——章草。章草便是今草的前身，区别在于章草上下字独立，不连写。

据说，后人不但在章草的基础上创造出了龙飞凤舞的今草，还创造出了救死扶伤的“处方体”。

○贞元二十一年八月乙巳（805年9月5日），唐宪宗李纯即皇帝位。
○光绪十一年七月二十七日（1885年9月5日），左宗棠病逝于福州。

记录下今天 的你

最高的皇帝

辽天显元年七月甲戌（926年8月30日），一颗陨石从天而降，坠落在阿保机的帐前。辛巳（9月6日），五十五岁的辽太祖阿保机因伤寒去世。

他的死，对辽国的殡葬业是一个考验，因为棺材不太好做。《辽史》说阿保机“身长九尺”。辽承唐制，唐小尺合今约30.7cm。按此换算，阿保机身高约276cm。若按宋尺31.68cm计算，则约为285cm，《辽史》成书于元，元尺数据更大，一尺接近34cm，那么阿保机的身高将近306cm。所以，普通棺材肯定装不下，得用两节的公交车，一节装上半身，一节装下半身。

○咸熙二年八月辛卯（265年9月6日），相国晋王司马昭崩于露寝。

○同治七年七月乙未（1868年9月6日），调曾国藩为直隶总督，马新贻为两江总督。

今日极简史

9月7日

《辛丑条约》

记录下今天的你

光绪二十七年七月戊子（1901年9月7日），中国近代史上赔款数目最庞大的《辛丑条约》签订。

赔款采取分期付款制，39年还清，本息共计约9.82亿两，有经济学家换算约合人民币三万亿。但实际执行时，因一战爆发，中国对德国及奥匈帝国宣战，停止付款；俄国发生十月革命，停止支付对俄国赔款；二战爆发后，停止支付对日本赔款。庚子赔款实际赔偿数额约6.64亿两，扣除美英等国退款，实际支付赔款数额约5.76亿两，约占应付总数的58%。所以这赔款更像是男人戒烟，女人减肥，总是半途而废。

○嘉平三年八月戊寅（251年9月7日），七十三岁的司马懿崩于京师。
○永乐二十二年八月丁巳（1422年9月7日），明仁宗朱高炽即皇帝位。
○康熙二十八年七月二十四日（1689年9月7日），中俄签订《尼布楚条约》。

今日极简史

9月8日

记录下今天 的你

唐玄宗即位

太平公主一直想学自己的母亲武则天独揽朝纲，障碍有两个，一是哥哥唐睿宗李旦，二是侄子李隆基。李旦好办，整天糊里糊涂，李隆基年轻有为，是很大的障碍。延和元年七月有彗星入太微，太平公主借题发挥，跟睿宗说：“星象预示着你儿子要取代你，怎么办？”李旦歪着脑袋想了想说：“我有一个好办法！我退休，他接班！”

先天元年八月庚子（712 年 9 月 8 日），李旦禅位于李隆基，李隆基于长安太极宫登基称帝。李隆基懂事，只接班不接权，大事还是爹处理，父子两人都很满意。

○会昌六年八月十四日（846 年 9 月 8 日），白居易在洛阳去世。

今日极简史

9月9日

明宪宗驾崩

记录下今天的你

成化二十三年正月，万贵妃病死。明宪宗悲叹说：“万侍长去了，我亦将去矣。”一语成谶，八月己丑（1487年9月9日），四十一岁的明宪宗朱见深死了。他人虽然死了，留下的艺术品却辉煌至今。2014年，一件“成化斗彩鸡缸杯”以2.8亿港元的价格成交。杯子图案有意思，是一只小鸡在啄米。其仿品您一定见过，香港影视剧中只要吃饭，碗上的图案必定是它。没有它，“要不要煮碗面给你吃”就得改成“要不要干嚼一捆挂面吃”。

○宣统元年七月二十五日（1909年9月9日），清政府批准军机大臣、学部尚书张之洞奏请，筹建京师图书馆。

记录下今天 的你

汉宣帝继位

元平元年七月庚申（前 74 年 9 月 10 日），十八岁的汉宣帝刘询继位。

汉武帝的儿子刘据因“巫蛊之祸”被诬陷造反自杀身亡。刘询是刘据的孙子，刚出生的他受牵连进了监狱。后元二年（前 87）春，看风水的说长安监狱有天子气，武帝吓一跳，下令把犯人全杀了。杀到刘询所在官狱时，因为刘询身份特殊，行刑官上报问杀不杀。武帝这才想起自己有个曾孙在监狱，想了想，放了。再之后预言成真，刘询确实做了天子，因此成为史上第一个蹲过自家监狱的皇帝。那么，在自己家的监狱是什么感受？“跟回家一样，个个都是人才，说话又好听，我超喜欢在这里。”

○永安七年八月庚寅（264 年 9 月 10 日），二十三岁的孙皓被拥立为帝，改元元兴。

○天宝十五载八月癸巳（756 年 9 月 10 日），皇太子李亨即皇帝位于灵武。

○天祐元年七月二十八日（904 年 9 月 10 日），后周太祖郭威出生。

今日极简史

9月11日

医师考核

至大四年闰七月丁卯（1311 年 9 月 11 日），元政府下令，未经考核、没有登记在册的医生，不能行医开药。

中国自唐开始，便有了发展完备的医学院“太医署”，下设医科、针科、按摩科、咒禁科四科。太医署每年年终考核医师业绩，十次诊断全对的是上等，十次诊断对九次的为次等，十次诊断对八次的为又次等，十次诊断对七次的为再次等，十次诊断对六次的为下等。十次诊断一半都不对的，没说是几等，估计是取消行医资格，或者“莆田医院欢迎您”。

记录下今天的你

○明道二年中秋节（1033 年 9 月 11 日），程颐出生。

记录下今天的你

《元史》修成

洪武二年八月癸酉（1369年9月12日），李善长上奏《元史》成。

这部《元史》是“二十四史”里修撰得最快的一部，仅仅用了188天，第二年又重新修撰，也只用了143天。为什么修得这么急？因为按照规矩，一个王朝灭亡之后，后续的王朝要给它修史。当时明朝军队还在征讨北元，朱元璋目的是争夺话语权，单方面宣告元朝灭亡。

因为修得着急，《元史》的质量出了名的差，简直惨不忍睹，因此有了名言——“历史是任人泼硫酸的小姑娘。”

○咸安二年七月己未（372年9月12日），晋简文皇帝驾崩。
○天复四年八月壬辰（904年9月12日），唐昭宗驾崩。

今日极简史

9月13日

倒霉的宋哲宗

记录下今天的你

元符三年正月，宋哲宗赵煦崩。赵煦死得平淡埋得壮烈，八月壬寅（1100 年 9 月 13 日），下葬永泰陵，路遇大雨，灵车陷在泥淖之中，送葬队伍露宿荒野竟达数天之久。

这还没完，待北宋亡后，金兵进驻宋陵，既解恨又赚钱的事怎能不做，于是掘墓开棺。赵构得知消息后悲痛万分，饬令岳飞赶往陵地，金兵被击退。埋好后宋军撤，金兵又来挖，再进，再退，如此再三，舞步蹁跹。倒霉的是哲宗赵煦，一会儿埋下去，一会儿挖出来，公园摊位“打地鼠”都没他辛苦。

○大中十三年八月十三日（859 年 9 月 13 日），唐懿宗李漼即帝位。

今日极简史

9月14日

乾隆接见英国使团

记录下今天 的你

乾隆五十八年八月庚午（1793年9月14日），乾隆皇帝在承德避暑山庄接见英国使团。

英国人准备了蒸汽机、棉纺机、迫击炮、连发手枪等当时最先进的科技产品，并希望当场展示火炮。乾隆没兴趣，倒是对副使斯当东的儿子小斯当东颇觉好奇，因为这个英国小孩会说中国话，并且书法写得也特别好。乾隆很高兴，赏赐给他一个槟榔荷包。

乾隆没想到，赐予小斯当东荷包，还回来的却是炸药包。这小孩几十年后在英国内阁会议上以汉学家和下院议员身份发表煽动性演讲，力主对清开战。过年再有小孩要红包，就讲这个故事。

○武德二年八月初一（619年9月14日），隋恭帝杨侑逝世。

○广顺三年八月初四（953年9月14日），周世宗柴荣第四子、后周末代皇帝柴宗训出生。

○至正二十八年八月庚午（1368年9月14日），大明军入元大都，元顺帝出逃。

今日极简史

9月15日

《水调歌头》

记录下今天的你

熙宁九年八月戊戌（1076年9月15日），这一天是中秋，苏轼思念弟弟苏辙，写出了著名的《水调歌头》："明月几时有，把酒问青天……"

一年后的中秋节，"千里共婵娟"的弟弟苏辙唱和了一首词："离别一何久，七度过中秋……"苏轼兴起，又回了一首："安石在东海，从事鬓惊秋……"所以苏氏兄弟的这一组《水调歌头》一共有三首。一来一回，再来，收到两首的苏辙不回了，这就叫"苏氏骗局"。

○仁寿二年八月己巳（602年9月15日），隋文帝杨坚的妻子独孤皇后崩。

○绍兴二十一年八月初四（1151年9月15日），南宋名将韩世忠逝世。

记录下今天 的你

秘储藏匣

雍正元年八月甲子（1723年9月16日），雍正帝召王大臣九卿面谕：“今朕亲写密封，缄置锦匣，藏于正大光明匾额之后。”这便是“秘储藏匣”制度。设计虽令人称道，却只有乾隆继位时用过一次。乾隆是康熙指定的隔代继承人，不过走个过场；嘉庆是乾隆活着时禅让；道光继位时匾后没找到储匣，以副本登基；咸丰则是面谕；其后的同治是独生子，只能他接班；再往后，同治、光绪、宣统都没孩子。所以这个制度有点像榨汁机，买回家象征性用一次就闲置了。所以最后三个皇帝病危时，大臣便急问：“皇位传给谁？”“传……传太医。”

○天监七年八月丁巳（508年9月16日），南朝梁元帝萧绎出生。

○乾隆四十七年八月甲戌（1782年9月16日），道光皇帝生于紫禁城撷芳殿。

今日极简史

9月17日

小鸟依人

记录下今天的你

贞观十八年八月壬子（644 年 9 月 17 日），唐太宗李世民与长孙无忌聊天说：“你人机灵，但是打仗不行。高士廉书读得多，但是胆子小……”最后说到褚遂良：“褚遂良和我最有感情，一副飞鸟依人的模样，我很是怜爱他啊！”成语“小鸟依人”就这样诞生了。

李老板总这样，说“我和马周一日不见相思不断”，又说“我和长孙无忌父子情深”，还说“我看魏徵，越看越妩媚”……总之，不弄得属下心猿意马、小鹿乱撞、春心萌动，决不罢休。

○庆元六年八月辛卯（1200 年 9 月 17 日），太上皇宋光宗赵惇崩于寿康宫，年五十四。
○嘉定十七年闰八月丁酉（1224 年 9 月 17 日），宋宁宗崩于福宁殿，年五十七。

今日极简史

9月18日

在位时间最短皇后

康熙十六年八月二十二日（1677年9月18），册封佟佳氏为贵妃。佟佳氏是清朝正式册封的第一位贵妃。康熙二十八年，佟佳氏得了重病，皇太后懿旨命康熙立佟佳氏为皇后，为其冲喜。七月癸卯（1689年8月23日）册立贵妃佟佳氏为皇后。但是第二天早上，“皇后崩”。如果按天数算，佟佳氏当了两天皇后；按24小时为一天算，当了一天皇后；按在职时间算，不到8小时。令人艳羡不已，上班时间竟然没有一部手机的待机时间长，并且就这八个小时，她还请了病假。

记录下今天的你

○乾和十六年八月辛巳（958年9月18日），南汉中宗刘晟去世，长子刘继兴即皇帝位，改年号为大宝。

○光绪二十九年七月二十九日（1903年9月18日），抗法名将冯子材于南宁逝世。

今日极简史

9月19日

杨贵妃

记录下今天的你

天宝四载八月甲辰（745年9月19日），玄宗"册太真妃杨氏为贵妃"。为什么不立杨玉环为皇后？一是杨玉环家族势力薄弱，二是她生不出孩子。更重要的是，在她之前，唐玄宗的大老婆王皇后干政被废，本要立另一个武惠妃，大臣怕了——当年李治就是废了一个王皇后，立了姓武的女人为后，后来这个武皇后自己做了皇帝。偏偏这个武惠妃，就是武则天的侄女。再出一个女皇谁都受不了，最终玄宗宣布从此不再立后。所以对于杨玉环来说今天是她的职业巅峰，从一个二品的王妃，奋斗成仅次于皇后的贵妃，已经很不错了，只是音乐圈不太满意："王菲能做天后，王妃却做不了皇后，很没道理！"

○元嘉七年八月庚午（430年9月19日），宋孝武帝刘骏出生。
○天辅七年八月戊申（1123年9月19日），金太祖完颜阿骨打去世。

今日极简史

9月20日

记录下今天的你

天皇天后

上元元年八月壬辰（674 年 9 月 20 日），“皇帝称天皇，皇后称天后”，唐高宗李治由“皇帝”改为“天皇”，武则天由“皇后”改为“天后”。而日本“天皇”一词最早的文字记载是 673 年至 688 年由天武天皇制定的《飞鸟净御原令》。

严肃历史学者认为，日本“天皇”这一称谓很可能是受到中国的影响和启发；民间历史学者则不仅认为日本“天皇”这一称谓就是受到中国的影响，甚至认为天武天皇就是中国人。

○建康元年八月庚午(144 年 9 月 20 日)，东汉顺帝刘保崩于玉堂前殿，时年三十。同日，两岁的刘炳即皇帝位，是为汉冲帝。

○皇兴五年八月丙午（471 年 9 月 20 日），北魏献文帝拓拔弘将皇位传给儿子拓拔宏，改元延兴。

今日极简史

9月21日

女真文字

女真最初没有文字，后来使用契丹文字和汉字。金天辅三年八月己丑（1119年9月21日），宰相完颜希尹依据契丹文字原理创造出了女真文字，颁于国中。

本来契丹文字就是根据汉字瞎改而来，女真文字又在契丹文字的基础上进行二次瞎改。契丹文字极难用，女真文字将难度再升级，可以说，如果能看懂女真文字，就能看懂医生开的处方。据说，有个金国文人去请教完颜希尹："学您造的女真文字十来年，没学明白，有什么好的学习方法吗？"完颜希尹答："我也不太明白。"

记录下今天的你

○延平元年八月辛亥（106年9月21日），东汉殇帝驾崩。

○崇德八年八月庚午（1643年9月21日），皇太极驾崩。

○光绪二十四年八月丁亥（1898年9月21日），慈禧太后发动戊戌政变。

今日极简史

9月22日

记录下今天 的你

袁崇焕去世

崇祯三年八月癸亥（1630年9月22日），袁崇焕被凌迟处死。

《石匮书》说行刑时，刽子手每割一块肉，百姓付钱，取之生食。顷间肉已沽清。再开膛出五脏，截寸而沽。百姓买得，和烧酒生吞，血流齿颊。在当时，社会上对袁崇焕的定位是“汉奸”，传说北京城围观居民用烂白菜砸他。当然是假的，古代物资匮乏，能吃的东西是不会舍得浪费的，现在也是如此，朋友圈总有人劝——《大白菜的功效你想不到！》《震惊了！大白菜是个宝，谁吃谁说好》。

○熙宁五年八月甲申（1072年9月22日），观文殿学士、太子少师致仕欧阳修卒。

○正统十四年九月癸未（1449年9月22日），明英宗朱祁镇的异母弟朱祁钰即位，是为景泰帝。

○成化二十三年九月壬寅（1487年9月22日），明英宗的孙子朱祐樘即皇帝位，是为弘治帝。

今日极简史

9月23日

忽必烈出生

记录下今天的你

宋太宗出生时红光耀室，真宗出生时红光耀室，英宗出生时红光耀室，神宗出生时红光耀室，哲宗出生时红光耀室，高宗出生时红光耀室，孝宗出生时红光耀室，理宗出生时红光耀室，度宗出生时红光耀室……全是异象。

北边不行，元太祖十年八月乙卯（1215 年 9 月 23 日），忽必烈出生。其降生时只见满天星斗，他娘庄圣太后问他爹："这代表什么？""代表帐篷被偷了。"拖雷说。

○天祐元年八月十二日（904 年 9 月 23 日），唐昭宗遇弑。

○顺治十七年八月壬寅（1660 年 9 月 23 日），皇贵妃董鄂氏薨。

记录下今天的你

清朝的科举

顺治八年八月乙卯（1651 年 9 月 24 日），定顺天乡试满洲、蒙古为一榜，汉军、汉人为一榜，会试、殿试如之。

清朝分两榜取士是基于现实考虑，八旗子弟文化水平和汉族考生无法相提并论，所以享有特殊待遇。但为保持平衡，殿试的状元、榜眼、探花一般只授予汉人，即“旗不点元”。康熙八年两榜合为一榜，只是八旗不授状元的规矩没变。清朝开科 112 次，进士达 26000 多人，三甲却只有三人是满人，其中两人便是这次顺治分榜时所取。直到同治四年，慈禧御笔钦点密封试卷，拆开发现第一名是蒙古旗人崇绮，于是崇绮成了清朝唯一的旗人状元。

○嘉靖二十九年八月十四日（1550 年 9 月 24 日），《牡丹亭》的作者汤显祖出生。

今日极简史

9月25日

鲁迅出生

记录下今天的你

光绪七年八月壬戌（1881年9月25日），绍兴秀才周凤仪喜得贵子，按族谱取名周樟寿，就是鲁迅。

鲁迅在《论雷峰塔的倒掉》一文中说："那时我惟一的希望，就在这雷峰塔的倒掉。"巧合的是，1924年9月25日，鲁迅生日这一天，杭州城一片哗然——雷峰塔真的倒掉了。正所谓，念念不忘，必有"轰隆"一声回响。

○承安三年八月戊子（1198年9月25日），金哀宗完颜守绪出生。

○康熙五十年八月庚午（1711年9月25日），乾隆帝出生于雍亲王府。

今日极简史

9月26日

记录下今天的你

红丸案

泰昌元年九月乙亥朔（1620 年 9 月 26 日），即位刚刚一个月的明光宗朱常洛崩于乾清宫。

前一天，鸿胪寺官李可灼进红丸，药效神奇，朱常洛服后感觉暖润舒畅，直呼："忠臣！忠臣！"于是下午三时"复进一丸"，结果这"再来一个"服下后，朱常洛"夜五更暴毙"。其子朱由校继位，是为天启帝。古怪的是，他家就不能"再来一个"，朱常洛"再来一个"，人亡了，朱由校死后"再来一个"是崇祯，明亡了。所以这明末三案之一的"红丸案"，亦称"大明药丸案"。

○天祐元年八月丙午（904 年 9 月 26 日），唐昭宗第九子李柷即位，这就是唐朝最后一位皇帝唐哀帝。

今日极简史

9月27日

指鹿为马

记录下今天的你

秦二世三年八月己亥（前207年9月27日），赵高上殿时牵来一头鹿，说这是马。此事后续是二世胡亥蒙了，疑心自己得了病，便出宫斋戒。在行宫还琢磨这件事，恍惚间误杀了人，精神更加错乱，月底，被骗自杀，秦亡。所以一直到死，牵上殿的是鹿是马他都没弄清楚。

笔者研究了半天，觉得用手机能解决这个问题，可以扫的是马，可以登的是鹿，“扫马登鹿”嘛。

○景福元年九月初三（892年9月27日），唐昭宗第九子、唐朝末代皇帝李柷生于大内。

○天辅七年九月丙辰（1123年9月27日），完颜阿骨打死后，其四弟吴乞买即位。

○正德五年八月戊申（1510年9月27日），大太监刘瑾伏诛。

记录下今天的你

戊戌六君子

光绪二十四年八月甲午（1898年9月28日），戊戌六君子杨深秀、杨锐、林旭、刘光第、谭嗣同、康广仁处斩。此中康广仁觉得自己很冤，因为他从来没有参与过变法；更冤的是杨锐，他根本不是康党；最冤的是刘光第，他不但不是康党，而且最烦康有为，曾说过“闻其议，绝恶之”。孰料八月光绪突发奇想，分别召见了杨锐和刘光第，这一见要了命，敏感时期谁被光绪召见，谁就是逆党，谁就得死。这大概就是“见光死”之由来吧。

○中平六年九月甲戌（189年9月28日），董卓废汉少帝刘辩为弘农王，立陈留王刘协为帝。
○洪武二十五年九月庚寅（1392年9月28日），立皇孙朱允炆为皇太孙。

今日极简史

9月29日

《送别》

光绪三十二年八月丙子（1906年9月29日），李叔同考入东京美术学校油画科。

英文歌曲 *Dreaming of Home and Mother* 在李叔同上学时期传入日本，音乐家犬童球溪将其重新编曲，红遍东瀛。李叔同非常喜欢，重新填词，便有了传唱至今的《送别》。这首歌还有儿童版，词作者是他的学生丰子恺，名曰《游春》，词如下："星期天，天气晴，大家去游春。过了一村又一村，到处好风景。桃花红，杨柳青，菜花似黄金。唱歌声里拍手声，一阵又一阵。"丰子恺祖籍浙江崇德，文风却十分辽宁铁岭，这词儿，怎么看都像东北二人转。

记录下今天的你

○景云二年八月乙卯（712年9月29日），唐睿宗李旦大赦天下。

努尔哈赤崩

天命十一年八月庚戌（1626年9月30日），因春天“宁远之战”中被袁崇焕大炮击伤，是日，清太祖努尔哈赤崩，年六十八。死的地名倒是有趣，叫：叆鸡堡。再配上可乐薯条，美好星期天了。

巧的是，第二年的同一天，天启七年八月乙卯（1627年9月30日），他的对手，土木工程师天启皇帝朱由校崩于乾清宫。努尔哈赤的满语意思是“野猪皮”。“不要和野猪在泥潭里打滚，那是他的主场，也是他唯一擅长的技能。”大概就是说这事。

记录下今天的你

○绍兴十七年九月乙丑（1147年9月30日），宋孝宗第三子、宋光宗赵惇生于藩邸。

清 佚名 十二月月令图 ⑩

今日极简史

10月

今日极简史

10月1日

木匠皇帝

记录下今天的你

万历四十八年九月庚辰（1620年10月1日），“木匠皇帝”朱由校即位。然而，明朝官修的《熹宗实录》和清朝官修的《明史本纪》都没有提朱由校会木工活。这很不正常，向前朝皇帝泼脏水是常规操作，如果真的有，清修《明史》不会放过，所以朱由校会木工活是野史。追溯原始出处，都是引自《酌中记》，这书作者是天启时的太监刘若愚，太监对领导的评价怎么可能客观公正？因此有两种可能：一是朱由校会些木工活，但手艺一般；二是朱由校根本就不会木工活，也许只会削铅笔。在太监嘴里，上课削铅笔，下课就能雕龙柱。

○贞元元年八月丙戌（785年10月1日），李希烈杀宣慰使颜真卿。

○端拱二年八月丁丑（989年10月1日），范仲淹出生。

记录下今天的你

崇祯帝继位

天启七年，明熹宗朱由校病危，因为没有孩子，只能将皇位传给弟弟朱由检。八月丁巳（1627年10月2日），朱由检即位，他就是明朝最后一位皇帝崇祯帝。

据《崇祯宫词》记载："熹宗崩，大奄魏忠贤谋迎福王。懿安召上入继大统，密戒云'勿食宫中食'，上从周皇亲家作麦饼，怀以自饷。"天启皇帝死后，魏忠贤图谋不轨想要立福王，但在张皇后的帮助下，朱由检最终入继大统。朱由检登基前高度紧张，怕被魏忠贤下毒，自己带了一堆饼干进宫。

○建昭二年闰八月丁酉（前37年10月2日），太皇太后上官氏崩。

今日极简史

10月3日

《滕王阁序》

记录下今天 的你

上元二年，南昌都督阎伯屿重修滕王阁竣工，九月初九（675 年 10 月 3 日），邀请文人雅士齐聚一堂吟诗作赋。

宴会上阎伯屿向大家发出作序邀请，宾客都无准备，推辞不就。阎伯屿的女婿吴子章事先写好一篇，打算一鸣惊人，谁知出了意外——宾客中有个叫王勃的接过笔墨，千古名篇《滕王阁序》就这样诞生了。

有人质疑王勃也是事先准备好的。理由是《新唐书》说王勃写文章很慢，每次写文章之前都要盖上被子酝酿很久，而这次交稿时间实在太快。这样的质疑实在有点无聊，即便事先准备又如何？给我一辈子时间打腹稿也写不出这样的文章。

○开禧三年九月初十（1207 年 10 月 3 日），宋朝词人辛弃疾去世。

○嘉庆二十五年八月庚戌（1820 年 10 月 3 日），爱新觉罗・旻宁即皇帝位于太和殿，颁诏天下，以明年为道光元年。

今日极简史

10月4日

大清国歌

宣统三年八月丁未（1911 年 10 月 4 日），中国第一首法定国歌是日确定：“定国乐，名曰《巩金瓯》。”“巩”即巩固之意，中国古代比喻疆土完固叫“金瓯”，所以“巩金瓯”即江山固若金汤。严复词，溥侗曲。词为：“巩金瓯，承天帱，民物欣凫藻，喜同袍，清时幸遭，真熙皞，帝国苍穹保，天高高，海滔滔。”

孰料《巩金瓯》实为《难忘今宵》，六天后武昌起义，清朝结束了。

记录下今天 的你

○至治三年九月癸巳（1323 年 10 月 4 日），元泰定帝即位于龙居河。

○宣统元年八月二十一日（1909 年 10 月 4 日），张之洞在北京病逝，终年七十三岁。

今日极简史

10月5日

起名的规矩

记录下今天的你

鲁桓公六年九月二十四日（前 706 年 10 月 5 日），鲁庄公出生。

鲁桓公向申繻咨询："起名有什么规矩？"申繻答："名有五种，即信、义、象、假、类。根据出生时的情况取名叫'信'，用吉祥话取名叫'义'，根据特征取名叫'象'，从别的事儿借名叫'假'，从父亲那儿取名叫'类'。取名忌用国名、官职名、山川名、礼器名。"鲁桓公说："这孩子跟我同一天生日，名字就叫'同'吧。"依我看，叫"同"不如叫"省"，父子同一天生日，蛋糕可以省一个。

○咸宁三年八月癸亥（277 年 10 月 5 日），晋武帝分封二十七个同姓王，令迁往封国。

○万历四十八年九月甲申（1620 年 10 月 5 日），葬明神宗于定陵。

今日极简史

10月6日

王莽去世

地皇四年十月庚戌（23年10月6日），绿林军攻入长安，混乱中王莽被杀。更始帝刘玄下令把王莽脑袋挂在城楼示众，群众素质不高，不但欣赏还品尝，把脑袋上的肉给吃了。这颗头颅经历传奇，可谓“一颗永流传”。为惩罚王莽警示臣下，刘秀接手政权后把头颅刷了一层黑漆放进了武库。东汉灭亡后，曹魏、西晋继续收藏。直到晋惠帝元康五年（295）十月洛阳发生火灾，这颗头颅才被火化。当时，写《晋书》的干宝心疼得捶胸顿足：“早知道放李白的‘藏头诗’里，不仅安全无虞，还有预言功效。”

记录下今天的你

○嘉靖三十一年九月戊戌（1552年10月6日），学者利玛窦出生于意大利。

今日极简史

10月7日

拔钉钱

记录下今天的你

清泰二年九月己亥（935 年 10 月 7 日），以襄州节度使赵在礼为宋州节度使。

赵在礼被委任为宋州节度使，“所为不法，百姓苦之”。某天朝廷下旨，赵在礼移镇永兴。对于宋州人来说，赵在礼走了，相当于拔掉了眼睛里的钉子，于是奔走相庆。这便是“眼中钉”一词之由来。

赵在礼得知自己名声如此之臭，恼羞成怒，上表朝廷要在宋州多留一年，竟然得到了批准。于是赵在礼下令每户交纳一千钱。收钱总得有个名义吧？赵先生说这钱就叫“拔钉钱”，一番拔，拔出百万。宋州人倒霉，不仅经济损失，连带着文化水平也直线下降，目不识丁嘛。

○建安元年八月庚申（196 年 10 月 7 日），汉献帝迁都许昌。

今日极简史

10月8日

超新星爆炸

万历三十二年九月癸亥（1604年10月8日），人类首次记录超新星爆炸产生的高能宇宙云。

两天后，中国天文官也发现了这颗新星，星变把万历皇帝吓坏了，决定闭门思过。谁知道开普勒新星一直亮到第二年，万历皇帝因此一直自我检讨了两年：错、错、错。活像陆游。

记录下今天的你

○建兴十二年八月庚辰（234年10月8日），诸葛亮在五丈原去世。

○崇德八年八月丁亥（1643年10月8日），爱新觉罗·福临在沈阳继位，是为顺治帝。

○雍正十三年八月己丑（1735年10月8日），雍正驾崩。庄亲王允禄等启雍正元年立皇太子密封，宣诏乾隆即位。

今日极简史

10月9日

武则天长新牙

记录下今天的你

如意元年八月丙戌（692 年 10 月 9 日），68 岁的武则天下诏告诉全中国老百姓，她长了一颗新牙。也是因为这颗新牙，九月庚子（10 月 23 日），武则天大赦天下，并改年号为“长寿”。

武则天当皇帝以后，换年号比换手机都勤，共用了 14 个年号，分别是天授、如意、长寿、延载、证圣、天册万岁、万岁登封、万岁通天、神功、圣历、久视、大足、长安和神龙，眼花缭乱根本记不住，比圆周率还难背。

○天聪三年八月乙亥（1629 年 10 月 9 日），清政府第一次举办科举，谕曰：“今欲振兴文教，试录生员。诸贝勒府及满、汉、蒙古所有生员，俱令赴试。”

武昌起义

曹珩回忆辛亥首义时说，起义日期本来定为1911年10月6日，因为这一天是中秋，打算效仿传说中的朱元璋起事，但因准备不足而延后。宣统三年八月十八日(1911年10月9日)，共进会之领导人孙武在汉口俄租界宝善里制造炸弹，起义指挥部总理刘公的弟弟刘同没有安全意识，在旁边抽烟，不慎引发爆炸。这一炸，引来租界俄国巡捕，将缴获的起义名单转交给湖北当局。革命党人不能坐以待毙，10月10日晚仓促起义，哪知竟成功了。因为一个烟头，大清江山如同歌手江珊唱词：化作一缕“清”烟，已消失在远方。

记录下今天的你

○咸通丁亥岁九月初九（867年10月10日），后唐明宗李嗣源出生于应州金城县。

今日极简史

10月11日

司马光去世

记录下今天的你

元祐元年九月丙辰朔（1086年10月11日），司马光去世。

恰好这天上午朝廷举行了祭祀大典，下午去吊唁的官员就被程颐拦住了，说：“孔子有句‘是日哭，则不歌’，当天如果参加葬礼，就不能唱歌。你们刚在祭祀大典唱完歌，就不能参加葬礼了。”旁人反驳说：“孔子说哭完不能唱，没说唱完不能哭呀？”苏轼也在一边笑话程颐：“此乃枉死市叔孙通所制礼也！”程颐被嘲讽，很是没面子，因此与苏东坡交恶。这事应该派我女儿去办，小玩意是跨界人才，唱歌跟哭似的，哭起来又像唱歌。

○天禄五年九月丁卯（951年10月11日），辽穆宗耶律璟即位，改元应历。

记录下今天的你

白马寺

神龙二年九月壬寅（706 年 10 月 12 日），唐中宗幸白马寺。

白马寺是中国第一家寺院。永平十一年（68）汉明帝在洛阳西雍门外三里御道北兴建僧院。因来此寺庙的印度僧人以白马驮经，又中国古代外事办叫“鸿胪寺”，故二合一名为“白马寺”。“寺”后来便成了中国寺院的一种泛称。武则天的情人和尚冯小宝即是白马寺总管，当然此时冯小宝已死。不过没有冯小宝可能会有韦小宝。这并非笔者妄断，当年印度僧人便是在白马寺译出中国第一部佛典《四十二章经》，我们都知道，韦爵爷是希望集齐全套的。

○康熙十七年八月乙未（1678 年 10 月 12 日），吴三桂去世。

今日极简史

10月13日

葬乾隆于裕陵

嘉庆四年九月庚午（1799 年 10 月 13 日），葬乾隆于裕陵。

裕陵埋了些什么宝贝？盗墓的孙殿英回忆说：“最宝贵的是颈上的一串朝珠，一百零八颗中最大的两颗是朱红色。还有一柄九龙宝剑，剑鞘面上嵌了九条龙，剑柄上嵌满了宝珠……”这位孙先生有意思，恬不知耻，为自己盗墓找了一个搞笑的借口，说：“孙中山有同盟会、国民党，革了满清的命；冯焕章用枪杆子去逼宫，把溥仪赶出了宫；我孙殿英枪杆子没几条，只有革死人的命。不管他人说什么盗墓不盗墓，我对得起祖宗，对得起大汉同胞！”这理由，你直接说和乾隆一起玩“密室逃脱”，不是更幽默？

记录下今天的你

○皇兴元年八月戊申（467 年 10 月 13 日），北魏孝文帝拓跋宏出生。

○乾亨四年九月壬子（982 年 10 月 13 日），辽景宗耶律贤殂于焦山行在。

今日极简史

10月14日

记录下今天 的你

60分万岁

光绪二十八年九月庚午（1902年10月14日），京师大学堂第一次招生。《京师大学堂章程》第二章《功课》第十七节中使用了百分制，并明文规定将60分作为及格线。这是中国学校以60分为及格计算成绩的开始。

关于60分及格，一说源自西方五分制，另一说源自科举"策论"，十策过六者即可通过。更有一说源自拍光绪马屁，谣传京师大学堂建校之日，光绪不仅亲自参加开学典礼，而且发表了一次极为出色的演讲，时长一小时，恰好60分钟。学生山呼万岁，因此诞生了中国学生特有的口号："60分万岁！"

○乾亨四年九月癸丑（10月14日），耶律隆绪即皇帝位，是为辽圣宗。

今日极简史

10月15日

京张铁路

记录下今天的你

宣统元年九月戊申（1909年10月15日），因京张铁路竣工，宣统皇帝奖叙总办詹天佑、会办关冕钧、工程司颜德庆等人。

修建京张铁路时困难万万千，其中一个意想不到的困难是铁路修建到天津，须经过前任道员曹家的祖坟。道员官不大，偏偏这家人祖上和康熙私交甚好，祖坟有康熙御笔题匾，曹家将牌匾一事辗转告知了慈禧，如果动曹家祖坟，康熙的题字也就毁了，对先帝大不敬啊。怎么办？祖宗重要，绕道！铁路因此扭了一个弯，再扭一个弯，不仅向祖宗致敬，也向天津大麻花致敬！

○至元二年九月庚子（1265年10月15日），忽必烈的孙子、裕宗真金第三子、元成宗铁穆耳出生。

○乾隆六十年九月辛亥（1795年10月15日），乾隆宣布皇十五子嘉亲王颙琰为皇太子。

今日极简史

10月16日

记录下今天 的你

凌烟阁功臣

贞元五年九月壬戌（789年10月16日），唐德宗下诏："褚遂良已下至李晟等二十七，图形于凌烟阁，以继国初功臣之像。"

唐朝给功臣画像的传统始于李世民令阎立本给打天下的战友二十四人画像。他们是长孙无忌、李孝恭、杜如晦、魏徵、房玄龄、高士廉、尉迟恭、李靖、萧瑀、段志玄、刘弘基、屈突通、殷峤、柴绍、长孙顺德、张亮、侯君集、张公谨、程知节、虞世南、刘政会、唐俭、李勣、秦琼。秦琼之所以排名最后，因为他只是冲锋陷阵的猛将，不是帅才。李世民还算客气，虽说排倒数第一，毕竟还在房间里。民间直接把秦琼赶出屋子，让他和尉迟恭看门去了。

○太元十年八月辛丑（385年10月16日），后秦武昭帝姚苌缢杀前秦主苻坚于新平佛寺。

○乾祐二十四年九月癸未（1193年10月16日），西夏仁宗李仁孝去世。

○康熙四年九月辛卯（1665年10月16日），玄烨册封顾命大臣索尼的孙女赫舍里氏为皇后。

今日极简史

10月17日

《岳阳楼记》

记录下今天的你

庆历六年九月壬辰（1046年10月17日），《岳阳楼记》写成。范仲淹从没去过岳阳，更没见过岳阳楼，此文全凭滕子京送来的《洞庭晚秋图》发挥。笔者推测，除《晚秋图》外，大约还送了《喜羊羊与灰太狼》，有句为证："宠辱偕忘，把酒临风，其喜洋洋者矣。"

《九月九日忆山东兄弟》也诞生于今天，诗原注说王维"时年十七"，按虚岁换算，就是开元五年九月乙巳（717年10月17日）。这诗很好，尤其"每逢八两倍思亲"一句最为写真传神，笔者每次喝到这个程度就开始想念各位亲，接着电话骚扰，第二天又开始懊恼，再看通话记录，就有了一种随地便溺的羞愧感。

○元寿二年九月辛酉（前1年10月17日），九岁的中山王刘箕子（刘衎）即皇帝位，是为汉平帝。

今日极简史

10月18日

记录下今天的你

火烧圆明园

咸丰十年八月癸未，英法联军直扑圆明园，城北一带的僧格林沁、瑞麟残部稍事抵抗后，便跑了。英法联军傍晚到达圆明园贤良门时，圆明园二十余名“技勇太监”在首领任亮带领下稍事抵抗，便死了。晚7时，法军攻占了圆明园，接着开始了长达半个月的抢掠，九月乙未（1860年10月18日），火烧圆明园。据说放火前英法联军有分歧，法国打算烧紫禁城，英国说烧皇宫影响两国形象，圆明园乃皇家农家乐，最宜烧烤，法国权衡后同意农家乐。关于这场火，记得当年考试填空：____火烧圆明园。一半以上同学都填：八国联军。更奇葩的是我一同学，填的是：驴肉。

○太宁三年闰八月戊子（325年10月18日），晋明帝司马绍崩于东堂。

○太延五年九月丙戌（439年10月18日），北凉哀王沮渠牧犍投降北魏，十六国结束。

今日极简史

10月19日

施琅收复台湾

记录下今天的你

康熙二十二年八月戊辰（1683年10月19日），施琅收复台湾，郑克塽率其属刘国轩降，台湾平。诏赐克塽、国轩封爵，封施琅靖海侯，将士擢赉有差。

清政府对台态度古怪，打下却不愿经营，想让它荒下去。于是入台条件极其苛刻，又不许带家眷，外地人在台安家只能娶本地妇女。由此导致台湾妇女奇缺，只有林志颖，没有林志玲。

○太宁三年闰八月己丑（325年10月19日），司马衍即皇帝位，是为晋成帝。

记录下今天的你

皇太极即位

天命十一年九月庚午朔（1626年10月20日），皇太极即位于沈阳。《清史稿》说当初努尔哈赤给皇太极起名时很随意，后来才知道蒙古储君叫“黄台吉”，汉人叫“皇太子”，因此登基是天意。这当然不是实话，努尔哈赤一直做边贸生意，汉、蒙、朝鲜语都说得相当不错，不可能不知道意思。好玩的是朝鲜不买账，他们在《建州闻见录》用歹毒译音把努尔哈赤家族骂了一遍:“奴乙可赤……有子：长曰红破都里，次曰贵盈哥，次曰红歹是，次曰亡古歹。”就差没给个脸上泼粪的“黄胎记”了。汉人更不买账，弄出个歇后语：张三丰裸体打拳——黄太极。

○文德元年九月十二日（888年10月20日），五代后梁末帝朱友贞出生。

今日极简史

10月21日

朱元璋出生

记录下今天的你

天历元年九月丁丑（1328 年 10 月 21 日），朱元璋出生。

《明史纪事本末》说朱元璋出生时是黄昏，天突然变得血红，邻居以为朱家着火，近前发现并不是。“赤光烛天，里中人竞呼‘朱家火’，及至，无有。”故事很无聊，然而就是这样无聊的东西还是抄袭，《旧五代史》后唐太祖朱全忠出生也是黄昏：“是夕，所居庐舍之上有赤气上腾。里人望之，皆惊奔而来，曰：‘朱家火发矣！’及至，则庐舍俨然。”情节几乎是一模一样地拷贝，连姓都没改。中国历史写作有传统，帝王出生必须神化一下，这两位不但神化，还火化。当然，均未遂。

○大中祥符三年九月丁亥（1010 年 10 月 21 日），宋真宗作《宗室座右铭》并注，赐诸王。

今日极简史

10月22日

高句丽灭国

高句丽从西汉开始崛起，南北朝时期中国分裂，高句丽趁乱蚕食中国，占据了辽东大部地区。隋朝时依旧骚扰侵袭。隋大业八年（612）中国开始征讨高句丽，经隋唐两朝四帝七次讨伐，打了半个多世纪，唐乾封三年九月癸巳（668年10月22日），高句丽终于灭国。破高句丽虽然面子看起来饱满，里子却受伤惨重。中国的国力严重透支，特别大业八年隋征高句丽，去35万人，回来只剩2700人，去高句丽和去股市一样，都是有去无回。甚至比股市还惨，还要倒搭进去。譬如隋就是因为征讨高句丽而导致亡国。所以有了这么个词：高丽贷。

记录下今天的你

○宝祐二年九月初十（1254年10月22日），著名书法家、画家、诗人赵孟頫出生。

今日极简史

10月23日

小皇后

记录下今天的你

至顺三年八月，元文宗崩于上都。元文宗是杀掉自己大哥元明宗而得到皇位的，临死前忏悔，决定把皇位还给大哥家。十月庚子（1332 年 10 月 23 日），大哥七岁的儿子懿璘质班继承皇位，是为元宁宗。这孩子登基后马上娶了皇后宏吉剌氏，小皇后是年六岁。53 天后元宁宗死了，小皇后成了寡妇。万幸的是，此后只有一个元顺帝，不然以她的年龄和元朝皇帝的轮换速度，她有生之年一定能做到太后、太皇太后、祖太皇太后，最后称号只有停车场保安能叫全："太皇太后往后再往后一直往后。"

○武德元年九月辛未（618 年 10 月 23 日），李渊追谥隋杨广为炀帝。

记录下今天 的你

李克用出生

大中十年九月二十二日（856 年 10 月 24 日），后唐太祖李克用生于神武川新城。因其母怀孕十三月，出生时又难产，一半仙说把军队调到产房，围着产房摇旗呐喊转圈跑，三圈之后就能生下来。按其说，果然顺利出生了，当时也有建议他妈去运动会跑道上生，会更快。这个建议是对的，这小子天生有运动气质，“眇一目”，就是说瞎了一只眼，特别容易瞄准，因此在射击项目上天姿独秀，曾创下一箭双雕的纪录——“武皇即弯弧发矢，连贯双雕”。厉害是厉害，不过笔者要分享一个生物学冷知识——鹰能够在空中交配……这小子是扫黄办的。

○天圣元年闰九月戊戌（1023 年 10 月 24 日），寇準卒于雷州。
○宣和二年十月戊辰（1120 年 10 月 24 日），北宋方腊起义。

今日极简史

10月25日

重阳酒会

记录下今天的你

应历十六年九月庚子（966 年 10 月 25 日）重阳节，辽穆宗耶律璟举办了一场酒会，常人喝酒是“再来一瓶”，他是“再来一天”。更不寻常的是连轴转，不歇不眠一直喝，“以重九宴饮，夜以继日”，这一喝，就是 13 天，至壬子（11 月 6 日）乃罢。高兴的是电信局，遭罪的是奶牛场。众所周知，喝酒不打电话，不吹牛，那酒算是白喝了。

○崇祯十五年十月初二（1642 年 10 月 25 日），郑成功长子郑经出生。

记录下今天 的你

明武宗出生

弘治四年九月丁酉（1491年10月26日），“以皇长子生，诏天下”。中国最好玩的皇帝明武宗出生了。《明史》说：“其生所值支辰为申酉戌亥，连如贯珠。”意思是他的生日若用干支计算，则为辛亥年、戊戌月、丁酉日，又生于申时，申、酉、戌、亥，是连在一起的。这个巧合被拿来大做文章，因为据说朱元璋也是这样，好玩是好玩，就是爷俩不能见面，见面命就没了，连连看嘛。又，朱元璋生于元天历元年九月十八日（1328年10月21日），其干支为戊辰年、壬戌月、丁丑日。丑、戌、辰地支排列并非“连如贯珠”，而是国际跳棋。

○乾道六年九月壬辰（1170年10月26日），赐苏轼谥文忠。

今日极简史

10月27日

以钱赎罪

东汉汉安二年十月辛丑（143 年 10 月 27 日），因为财政紧张，汉顺帝下令罪犯可以用钱赎罪，这在古代算常规操作。甚至死刑都可以赎，西汉《二年律令》明确规定了赎刑的等级和赎金数额：赎死，金二斤八两；赎城旦舂、鬼薪白粲，金一斤八两；赎斩、腐，金一斤四两；赎劓、黥，金一斤；赎耐，金十二两；赎迁，金八两。

这就不得不提司马迁先生，他的腐刑当时是可以用钱赎免的。但是他自己说一是没钱，二是人缘不好没人借钱，于是被阉割了。那么，假如司马迁没有受腐刑，《史记》会是什么样的？可能是一部更完整的《史记》。

记录下今天的你

○天祐十八年九月二十四日（921 年 10 月 27 日），后周世宗柴荣出生。
○雍正三年九月丙辰（1725 年 10 月 27 日），雍正下诏“逮系年羹尧下刑部”。

今日极简史

10月28日

记录下今天的你

重建卢沟桥

因为《马可·波罗游记》的介绍，外国人把“卢沟桥”叫“马可·波罗桥”，笔者以为用音译最好：look瞧（卢沟桥），桥上确实全是眼儿。这座桥的宣传资料上说有“八百年历史”，也对，也不对。八百年是新旧两桥时间加在一起的总和。它初建于金大定二十九年（1189），清初彻底毁于洪水。康熙八年重建，十月甲子（1669年10月28日），“卢沟桥成”。所以现在的卢沟桥只有三百余年历史。《马可·波罗游记》描述的一切景物，都跟现在这座新桥没有关系。不过，要说都是新的也不对，“卢沟晓月”那个月亮，还是原装的，没换。

○贞元三年九月癸亥（787年10月28日），回纥可汗遣使合阙将军请婚于唐朝，许以咸安公主降之。

○永乐十八年九月丁亥（1420年10月28日），诏自明年改京师为南京，北京为京师。

今日极简史

10月29日

养心殿的玻璃

记录下今天的你

雍正元年，内务府造办处《活计档》载：“十月初一日（1723 年 10 月 29 日），有谕旨养心殿后寝宫穿堂北边东西窗安玻璃二块。”玻璃自然金贵，即便皇宫也得省着用，养心殿这两块玻璃应该是大料，但再大也不会覆盖整面窗，也只是在窗中心位置安装，其余部分仍用纸糊。这种看上去像“回”字的窗户，老北京俗称“窗户眼儿”。大块玻璃若是破碎后，绝对不能扔，要裁成小块再安在小窗上。马未都说，一尺见方的玻璃，当时能换两套房。所以，当时宫里的太监碰到玻璃比碰到皇帝还要胆战心惊，皇帝只是万岁，玻璃比皇帝还大，“亿碎”。

○绍泰元年九月丙午（555 年 10 月 29 日），南朝梁最后一任皇帝梁敬帝萧方智即皇帝位。
○贞观二十年九月甲辰（646 年 10 月 29 日），铁勒诸部请尊李世民为“可汗”。

今日极简史

10月30日

记录下今天的你

五台山

康熙二十二年九月己卯（1683年10月30日），上奉太皇太后幸五台山。

五台山兼有汉传佛教与藏传佛教的道场，几乎包容了所有宗派，可以实现“一站式拜佛”。清朝皇帝频繁来这礼佛，既能满足自己的宗教信仰，又能拉拢信仰藏传佛教的盟友，“怀柔蒙藏”，巩固国本。

去的次数多了，民间开始出现谣言，说顺治皇帝在五台山出家做了和尚，康熙是去打听《爸爸去哪儿》，顺便录了一期《康熙来了》。

○淳熙五年九月戊寅（1178年10月30日），赐岳飞谥曰武穆。

今日极简史

10月31日

天安门

记录下今天的你

顺治八年九月壬辰（1651年10月31日），取“受命于天，安邦治国”之意，改“承天门”为“天安门”。这是天安门的名字第一次出现在史籍。明清时天安门并非国门，正宗的国门是它前面的大清门。这座门始建于明朝永乐年间，时称大明门，清兵入关后改为大清门，网上流传一个段子：辛亥后改为中华门要换石匾，找不到好石头，便把石匾拆下打算用背面刻中华门。拆下发现背面竟是大明门三字，原来清政府两百多年前就用过了。段子肯定是段子，《明季北略》说李自成改大明门为大顺门，所以清军入关接手的是大顺门，不是大明门。

○普泰元年十月壬寅（531年10月31日），高欢推勃海太守元朗即皇帝位于信都。

○成化八年九月三十日（1472年10月31日），心学大师王阳明出生。

清 佚名 十二月月令图 ⑪

今日极简史

11月

今日极简史

11月1日

天子卖身

记录下今天的你

中大通元年九月癸巳（529 年 11 月 1 日），梁武帝萧衍不顾群臣反对，到同泰寺出家当了和尚。十天后大臣们请他回去，按规矩，还俗需要给寺院赎身钱，大臣们凑了一亿万钱给同泰寺，赎回了“皇帝菩萨”。

梁武帝萧衍一心向佛，前前后后出家四次，大臣们一而再，再而三地把他赎回来。对于大臣来说，天子比儿子还操心，四次赎身一共花了四亿万钱。同泰寺的和尚躺着便赚了四亿万钱，还不满足，暂要资产总额像明朝皇帝的坟——10000000000000，“十三零”。

○永隆元年十月丙午（680 年 11 月 1 日），文成公主薨于吐蕃。

记录下今天 的你

宋徽宗出生

元丰五年十月丁巳（1082 年 11 月 2 日），宋徽宗赵佶出生。

《五代诗话》说其母陈妃临产前，梦到南唐后主李煜前来拜谒，旋即生下徽宗赵佶。于是传说赵佶是李煜转世。两人也确实很像：都是艺术天才，也都不务正业，最终都成了亡国之君，南唐亡于北宋，北宋亡于女真。因此有了“祖宗造孽，后人报应”一说——李煜转世为赵佶，终于报了当年的亡国之仇。

笔者不能理解的是，李先生何必自找倒霉，为了这古怪的轮回报应，投胎两次遭两次罪？以至于两轮人生都寻寻觅觅冷冷清清凄凄惨惨戚戚……这是李煜还是李清照？

○咸丰十一年九月乙卯（1861 年 11 月 2 日），慈禧太后发动祺祥政变。

今日极简史

11月3日

前蜀立国

记录下今天的你

天复七年（907年），朱温灭唐，建立后梁。四川军阀王建不服，九月己亥（907年11月3日），王建自己也当了皇帝，国号蜀。五代十国的“前蜀”就此立国。

《十国春秋》说王建能做皇帝，是因为他爸墓地选得好。其父亲死后挖好坑刚把棺材放下，诡异的事情发生了，它蹦出来了，“发地数尺而瘞，棺辄跃出。”看风水的说这块地是要出天子的，你一介草民，怎能容你卜葬于此？王建不服，又把棺材放下去，又上来，放下去，又上来。“棺复跃出，如是者三”，最终棺材没干过王建，不上了。就这样，以弄坏电梯升降键永远停在负一楼的操作，当上了皇帝。

○大历十年十月丙寅（775年11月3日），唐代宗李豫最宠爱的贵妃独孤氏薨，被追封为“贞懿皇后”。

○政和元年十月庚寅（1111年11月3日），观文殿学士、光禄大夫吕惠卿卒。

记录下今天 的你

富民之术

熙宁元年十月丙午（1068年11月4日），宋神宗赵顼与臣下聊富民政策，司马光的发言很有意思，说："富民根本在于人。县令最接近民众，最知道县令能力的，就是知州了，最知道知州能力的，就是转运使了。陛下只要选好转运使，转运使再发展知州，知州发展县令，何忧民不富也！"神宗听完，问："你以前干传销时有多少下线？"

○开元二十八年十月甲子（740年11月4日），唐玄宗赐杨玉环道号"太真"。

今日极简史

11月5日

宇文毓即位

记录下今天的你

孝闵帝元年九月二十八日（557年11月5日），北周明帝宇文毓即天王位。

《周书》载此人生于统万城（在今陕西靖边），因此小名统万突，宇文毓即位后，认为“天王”这个名字不足以威天下，武成元年（559年），改称皇帝，这一改要了命，第二年便被权臣宇文护派去的厨师下毒暗杀了，下毒的厨师名字倒是有趣，叫李安。这人厉害，影帝和皇帝的命都是他说了算。

○天成三年九月壬辰（928年11月5日），宰臣王建立进玉杯，上有文曰“传国万岁杯”。

冯玉祥出生

光绪八年九月己酉（1882 年 11 月 6 日），冯玉祥出生。是月，其父准备参加武举考试，为要个好彩头，以登科之宝意，为冯玉祥取名“科宝”。听起来有点像燃气灶品牌，可能是这个原因，于是其父考试烤煳了。冯玉祥本人爱学习，就是学法古怪，在常德做旅长时立下规矩：每天早上学两小时英语。学习时门外悬块牌子，上写“冯玉祥死了”，下课，牌子换成“冯玉祥活了”。又死又活，这番操作，英语没学成，学成了物理学神兽——薛定谔的冯玉祥。

记录下今天 的你

○天赐六年十月十三日（409 年 11 月 6 日），北魏道武帝拓跋珪崩，年三十九。

今日极简史

11月7日

白痴皇帝

记录下今天的你

太元二十一年九月辛酉（396年11月7日），司马德宗即皇帝位，是为晋安帝。

中国有两个白痴皇帝，一个是他，另一个便是他的老祖宗晋惠帝司马衷。司马衷还能整出句名言“何不食肉糜”，这位话都不能说，并且冷热饥饱全都不知道，又身体瘫痪。公交车上的“老弱病残幼”一排座都得给他。因为必须躺着，所以这位天天躺着工作的皇帝有了个外号：铁轨。

○光绪二十七年九月己丑（1901年11月7日），李鸿章去世，年七十有九。

记录下今天的你

孝庄皇后

康熙二十七年十月乙卯（1688年11月8日），“上大行太皇太后尊谥曰孝庄文皇后”。

谥号是人死后按其生平事迹给予评定的称号，孝庄的意思是“孝治天下，庄重自持”。记住这个时间，此前称孝庄，全是错的。电视剧最过分，孝庄称自己“我孝庄”。当然编剧也有苦衷，孝庄本名博尔济吉特·布木布泰，表演时得顺口点，否则和皇太极谈恋爱时，“你爱博尔济吉特·布木布泰，博尔济吉特·布木布泰也爱你，蜜雪冰城甜蜜蜜……”一集没了，若象牙山刘能来，结巴，两集。

○光绪元年十月甲戌（1875年11月8日），允丁宝桢请，于烟台、威海卫、登州府筑炮台，设机器局。

今日极简史

11月9日

不负如来不负卿

记录下今天的你

最初中国和尚是可以结婚的，后秦高僧鸠摩罗什结过两次婚，南北朝时期和尚结婚成风，且不乏和尚与尼姑结婚成家的事例。搞笑的是，和尚老婆还有了专门的称呼——“梵嫂”，小和尚则敬称之为“师娘”。直到宋朝才规定和尚不许结婚。但到了元，邪风又起。雍熙二年闰九月乙未（985年11月9日）政府发现和尚娶老婆成了普遍现象，为此专门颁布了整改条例，“禁僧置妻孥”，否则取消僧人身份。但是，这种事情怎么可能禁得住？和尚将恋情转入地下，既保住了职业又兼顾了爱情，真是“不负如来不负卿”。

○淳熙十四年十月乙亥（1187年11月9日），赵构崩于德寿殿，年八十一，庙号高宗。

记录下今天 的你

越国灭吴国

哀公二十二年十一月丁卯（前473年11月10日），越国灭吴国。

两个仇人做得都很客气，越王勾践想留吴王夫差一命，将其流放到浙江舟山。吴王辞谢："我岁数大了也该死了，把机会留给年轻人吧。"接着自刎，"遂自刭死"（《左传》说他是上吊），接着论功行赏，范蠡和西施首功？错了，应该归功于激励勾践走出人生低谷的"一身是胆"的赵子龙。

○正统十四年十月壬申（1449年11月10日），日上黑气如烟，寻发红光，散焰如火。

○嘉庆十七年十月初七（1812年11月10日），左宗棠出生。

今日极简史

11月11日

狄仁杰辞世

记录下今天的你

久视元年九月辛丑（700 年 11 月 11 日），中国版“福尔摩斯”狄仁杰辞世。

真实的狄仁杰一个案子也没有破过，他只负责判案。即案件已查清，他下判决，也就是做法官的工作。狄仁杰能力还可以，仪凤年间任大理寺丞，一年判决积压案件涉及一万七千人，无人冤诉。

自然会有人假惺惺请教，让他列一个好法官需要的书单，如下：《宪法》《民事诉讼法》《颈椎病康复指南》《腰椎间盘突出日常护理》《腱鞘炎防治》《高血压治疗宝典》《抑郁症自我修复 100 问》。

○天顺八年十月壬辰（1464 年 11 月 11 日），明宪宗朱见深立王氏为皇后。

○咸丰十一年十月甲子（1861 年 11 月 11 日），爱新觉罗·载淳即皇帝位，以明年为同治元年。

今日极简史

11月12日

记录下今天的你

建文帝之子

朱棣登基后，建文帝朱允炆失踪，留下了一个两岁的儿子朱文圭。留着没有任何威胁，又可保全名誉，于是朱文圭被明成祖幽禁于中都广安宫，不许任何人与其接触。

明英宗通过夺门之变复辟之后，对同样被幽禁的朱文圭动了恻隐之心，天顺元年十月丙辰（1457年11月12日）“释建文帝幼子文圭及其家属”。此时朱文圭已经足足坐了55年牢，没有任何生存能力，甚至连牛马都不认识，上街碰瓷不知道躺在宝骏前面还是法拉利前面讹得多，必须有人照顾。英宗无奈，安排了老婆给他，已婚男士都知道，婚后生活比蹲监还难熬，果然，“未几卒”。

○嘉靖七年闰十月（1528年11月12日），戚继光出生。

今日极简史

11月13日

陆游出生

记录下今天 的你

以陆游《十月十七日予生日也孤村风雨萧然偶得二绝句》推算，他的生日是宣和七年十月甲寅（1125年11月13日）。

《四朝闻见录》《梅磵诗话》说陆母临产前梦见了苏东坡传说中的妹夫秦观秦少游，于是为儿子取名“游”，字“务观”。陆游自己也很喜欢这个名字，《题陈伯予主簿所藏秦少游像》有句“我名公字正相同”。因“陆游”与“路由”谐音，网友给他起了个英文名叫Wi-Fi。

○大宝元年十月乙未（550年11月13日），大都督侯景逼梁简文帝封自己为“宇宙大将军”。

○乾隆二十五年十月初六（1760年11月13日），嘉庆皇帝爱新觉罗·颙琰生。

记录下今天的你

阎立本去世

名画《步辇图》的作者阎立本出身贵族，其母是北周武帝宇文邕之女清都公主。阎立本没什么战功，是靠着画画上位的，同僚瞧不起他，他自己也妄自菲薄，曾委屈地告诫儿子："我爱读书，文章写得也不错，可最出名的是画画，这玩意太糟践人，李世民拿我当照相机，人家说他'稍逊风骚'，他偏搔首弄姿叫我画下来发朋友圈，还得凑足九张。太郁闷了，你可别学画。"

咸亨四年十月壬午（673 年 11 月 14 日），艺术家终于熬到了头，"中书令、博陵县子阎立本卒"。李治觉得他爹可能在下面也要发朋友圈，于是，阎先生"陪葬昭陵"。

○开宝九年十月癸丑（976 年 11 月 14 日），宋太祖赵匡胤崩于万岁殿。

○光绪二十七年十月丙申（1901 年 11 月 14 日），赏道员张德彝三品卿衔，充出使英国大臣。

今日极简史

11月15日

赵光义登基

记录下今天 的你

开宝九年十月甲寅（976 年 11 月 15 日），宋太宗赵光义登基。

前一天晚上，赵匡胤崩于万岁殿。四鼓时分，皇后派太监王继恩去找赵匡胤的儿子赵德芳。不料所托非人，王继恩认为赵匡胤早就属意弟弟赵光义继位，自作主张跑到晋王府叫来了赵光义。中国历史因为这次导航失误而改写，赵光义登基。王继恩的选择神都支持：上帝说，要有光。

○皇祐元年十月丁丑（1049 年 11 月 15 日），宋仁宗赵祯下令，妇女的帽子高不能超过四寸，宽不得过一尺。

○光绪三十四年十月甲戌（1908 年 11 月 15 日），慈禧太后逝世，年七十四。

今日极简史

11月16日

记录下今天的你

陈朝立国

永定元年冬十月乙亥（557 年 11 月 16 日），陈霸先受梁敬帝萧方智禅位，即皇帝位于南郊，南朝中的陈朝立国。

帝王登基都要编造神话，以证天命所归。《陈书》说陈霸先年轻时曾做过一个梦，梦中四个红衣天使将手中捧着的太阳塞进陈先生的肚子里。可没想到这四个太阳最终又到了别人的肚子里——隋灭陈，隋朝名将王颁攻入建康，因当年父亲被陈霸先所杀，王颁报复性地掘开万安陵，将陈霸先断榇焚骨后尤不解恨，最后竟然“投水而饮之”，把骨灰喝了！他喝完啥事没有，难受的是笔者，现在对喝咖啡有心理障碍了。

○景定五年十月丁卯（1264 年 11 月 16 日），宋度宗赵禥即皇帝位。

今日极简史

11月17日

司马光与多尔衮

据《司马温公年谱》载，宋真宗天禧三年十月十八日（1019 年 11 月 17 日），司马光出生于光州光山，其父司马池时任光山县令，遂以地得名“光”。幸亏生得早，几年后父亲升任凤翔知府，若彼时降生，必名“翔”，味道十足，砸烂一缸水都洗不干净。

593 年后的同一天，万历四十年十月乙酉（1612 年 11 月 17 日），努尔哈赤第十四子出生于赫图阿拉，起名为“多尔衮”，这名字满语意思是“獾”，翻译成英语就是 Wolverine，金刚狼。

记录下今天的你

○绍兴二十五年十月乙未（1155 年 11 月 17 日），宋高宗赵构到秦桧家中探病，“解红帕赐桧拭泪”。

○道光二十三年九月乙未（1843 年 11 月 17 日），据《南京条约》和《五口通商章程》规定，上海正式开埠。

今日极简史

11月18日

记录下今天的你

朱瑱之死

龙德三年（923）后唐李存勖对后梁发动总攻。十月戊寅（11月18日）后梁末帝朱瑱在后唐军攻入东京前夕，命亲信皇甫麟将他杀死，后梁亡国。关于朱瑱的死，《五代会要》说了个八卦：朱锽在乾化三年改名叫朱瑱，“瑱”字偏旁“王”拆开是一十一，“真”字拆开则是十月一八，果然于在位第一十一年的十月初八亡国。

关于拆字，另外一家朱姓皇帝也有故事：李自成围攻北京，崇祯微服出宫测字，说“友”。测字的说：“我去，‘反’出头了。”“不是友，是‘有’。”“我去，大明江山丢一半了。”“不是有，是‘酉’。”“我去，至尊斩足去头啦。”崇祯说：“我去！”回宫了。

○武德三年十月戊申（620年11月18日），隋末义军领袖高开道降唐，李渊下诏任命他为蔚州总管、封北平郡王，赐姓李氏。

○治平四年十月甲寅（1067年11月18日），翰林学士司马光进读《通志》于迩英阁，宋神宗赐名《资治通鉴》，亲制序以赐光。

今日极简史

11月19日

宋宁宗出生

记录下今天 的你

乾道四年十月丙午（1168 年 11 月 19 日），南宋宁宗赵扩出生。

《宋史》说他的母亲李皇后曾梦见太阳坠落到庭院，她用手接住后，便怀孕了。到宁宗出生当天夜晚，祥光绕室。这些不是重点，重点是赵扩活了 57 岁，先后生育有 9 个儿子，但全部都夭折了，这个纪录估计也没人能打破了。赵扩无奈，只好从宗室中找苗裔作为自己的养子，而且他这一找还找了几个，因为大的养子也死在了他的前面。

○长庆元年十月甲申（821 年 11 月 19 日），以京兆尹、御史大夫柳公绰为吏部侍郎。柳公绰为柳公权之兄。

今日极简史

11月20日

记录下今天的你

光复会成立

光绪三十年十月戊午（1904 年 11 月 20 日），光复会成立。

新派革命人物行事却很老派，入会要写一纸黄帝神位的横幅，供在上方，杀鸡取血，滴于酒中，跪而宣誓，并饮鸡血酒。该会前身为“军国民教育会暗杀团”，成立之后依旧以暗杀为主要手段。会长蔡元培认为暗杀工具最好易于隐蔽携带方便，毒药就不错。一番操作过后发现过于安静，还是炸弹效果好，总能弄出个大新闻。“乃集同志六人，学制造炸药法于某日人，立互相监察之例，甚严。”至于效果，学习小组里的陈独秀说做炸弹时总是引来小孩，以为他们在做爆米花。

○后晋天福四年十月初七（939 年 11 月 20 日），宋太宗赵光义出生。

○天眷元年十月己巳（1138 年 11 月 20 日），金主始禁亲王以下佩刀入宫。

今日极简史

11月21日

指南车

记录下今天的你

元和十五年十月辛巳（820 年 11 月 21 日），金公亮修成指南车、记里鼓车。

指南车原理是利用车内的木制齿轮转动，来传递转向时两个车轮的差动，再带动车顶的木人指示方向。《宋史·舆服志》对其元件、尺寸和运动方式都有描述。理论上没有问题，但当时的技术及路况限制了它的应用精准度，即便用现代技术复制，偏差依旧极大，所以在古代它只是作为出巡时仪仗车驾的一种典礼车，体现天子的尊严和体面。其指南精准度甚至不如大雁。当然，大雁也有不足之处，其一怕昭君，二怕广东，若恰巧在广东碰到王昭君，结果必然是，落了，熟了，吃了。

○龙朔三年十月丙申（663 年 11 月 21 日），绛州麟见于介山。

○开宝四年十一月癸巳（971 年 11 月 21 日），南唐主遣其弟郑王从善来朝贡。于是始去唐号，改印文为“江南国主印”。

记录下今天 的你

林则徐去世

道光三十年十月十九日（1850年11月22日）辰时，林则徐在儿子林聪彝及幕僚刘存仁陪同下，指天三呼“星斗南”后与世长辞，享年六十六岁。他是带着任务死的，朝廷派他去广西镇压太平天国，他有疝气，不时发作，只能躺在特制的卧轿往广西抬，路过广东时又开始腹泻，到普宁已病入膏肓，壮志未酬死在半路。我曾问过谭伯牛，如果林则徐真到了广西，能不能平了太平军？谭先生说从林则徐和洪秀全原籍分析，不仅平不了，还得把自己搭进去。众所周知，福建人在广东人眼里就是一盘菜，不是红烧就是清蒸，或者爆炒。

○康熙三十二年十月二十五日（1693年11月22日），郑板桥出生。

今日极简史

11月23日

中统宝钞

中统元年十月癸丑（1260 年 11 月 23 日），忽必烈“初行中统宝钞”。

纸币自然要防伪，其钞纸采用政府专控的桑皮纸为原料，钞面则密布繁复花纹及恐吓咒语“伪造者斩”。并在纸币两面盖经手机关的红印，发给各省时盖一印章，省发给府时又留一印，府发给县时再留一印，县发给钱庄还留一印……满纸通红，血糊糊一片。当然没用。假钞后期泛滥成灾，到元末，米价比忽必烈时期足足上涨了八万倍。所以这“中统元宝交钞”简称“中钞”，亦称“中超”——拿一堆钱，“球”事办不成。

记录下今天的你

○开皇元年十月戊子（581 年 11 月 23 日），隋朝开始执行新律。

记录下今天的你

孝昭帝驾崩

皇建二年十一月甲辰（561 年 11 月 24 日），北齐孝昭帝高演崩于晋阳宫，时年二十七。

此人死后比较浪费木头，因为太高了。《北史》说他身长八尺，北魏一尺合今 30.9cm，身高达到 247.2cm。正史记载超过两米的帝王有很多，南朝陈宣帝陈顼身长八尺三寸，十六国前赵末代皇帝刘曜身长九尺三寸，他的养父汉光文帝刘渊身长八尺四寸。最高的应该是阿保机，咸书于元的《辽史》记载他身长九尺，按元尺一尺接近 34cm 计算，已经达到 300cm 以上。

○元丰六年十月十二日（1083 年 11 月 24 日），苏轼夜访张怀民，名作《记承天寺夜游》诞生。

今日极简史

11月25日

“女皇”陈硕真

记录下今天 的你

按历史学家蓟伯赞先生的说法，武则天并不是中国历史上第一个称帝的女性，第一个称帝的女性应该是杭州淳安的陈硕真。这“开天辟地”的行动发生在永徽四年十月戊申（653 年 11 月 25 日），是日，“睦州女子陈硕真反”，自称文佳皇帝。

笔者对这段史料很感兴趣，可惜的是，满满一腔热情换来的只有隔着屏幕便能感受到的疏离和冷漠。是的，这姐们设置了“朋友圈仅三天可见”。据《新唐书》记载，从朝廷得知消息到被镇压，陈硕真的帝王生涯只有三天——十一月庚戌（11 月 27 日），陈硕真伏诛。

○天保十年十月初十（559 年 11 月 25 日），北齐文宣帝高洋暴崩于晋阳宫德阳堂。

记录下今天 的你

曾国藩出生

嘉庆十六年十月十一日（1811年11月26日），曾国藩生于湖南省长沙府白杨坪（今属娄底）。

《庸闲斋笔记》说，曾国藩害怕鸡毛，遇到沾有鸡毛的快信，不敢拆；若看见鸡毛掸子，咔嚓就晕过去了。因为曾先生乃蟒蛇转世。蟒蛇转世为什么害怕鸡毛呢？陈其元根据《随园随笔》弄清了因由——蟒蛇最怕烧鸡毛的味道，闻到即死，“焚鸡毛，修蛇巨虺闻气即死”，所以曾国藩怕这玩意。可惜洪秀全不知道对手这根软肋——洪秀全恰好属鸡，只要肯烧掉外套裸奔，中国就是他的了。不止中国，丹麦也是他的——安徒生笔下那个皇帝，也裸奔。

○显庆元年十一月乙丑（656年11月26日），唐中宗李显出生。

○长安元年十月辛酉（701年11月26日），武则天大赦天下，改元为长安。

今日极简史

11月27日

“剩者为王”

记录下今天的你

建炎元年十月戊寅（1127 年 11 月 27 日），宋太祖七世孙、孝宗赵昚生于“秀州青杉闸之官舍，红光满室，如日正中”。

传说太祖赵匡胤不满弟弟赵光义夺了自己子孙江山，转世为金国完颜晟找弟弟子孙的麻烦，誓要夺回江山。传说有意思，史实更有意思。北宋灭亡后，南宋的高宗赵构活了 81 岁，却一直生不出孩子，而直系近亲又因靖康之变被金国一网打尽。最终无奈将太祖七世孙赵昚收为养子，封普安郡王，后继承大统。所谓“剩者为王”，即出于此。

○建武元年十月癸丑（25 年 11 月 27 日），刘秀定都洛阳。

今日极简史

11月28日

记录下今天的你

后晋立国

后唐河东节度使石敬瑭谋反，实力不济向契丹求援。天福元年十一月丁酉（936年11月28日），石敬瑭在契丹扶植下即位，后晋立国。

“是日，帝言于契丹主，愿以雁门已北及幽州之地为寿”，这礼物便是“燕云十六州”——幽、涿、蓟、檀、顺、瀛、莫、蔚、朔、云、应、新、妫、儒、武、寰。十六州东西宽约六百公里，南北长约二百公里，总面积约十二万平方公里，相当于朝鲜的国土面积。这做派有点像我老婆学“断舍离”，不该扔的全扔，该断的却不下手——现在还跟我凑合过呢。

○大业四年十月乙卯（608年11月28日），隋炀帝颁布新式，即新的度（长度）、量（体积）、衡（重量）制度。

今日极简史

11月29日

慈禧出生

记录下今天的你

道光十五年十月初十（1835年11月29日），慈禧出生。

据民间传说，天命四年努尔哈赤攻下叶赫部，叶赫贝勒布扬古临终放狠话："吾子孙虽存一女子，亦必覆满洲！"巧的是，满洲确实是葬送在这位叶赫那拉氏手里。当然，事实上慈禧并不是叶赫部后裔，其先祖很早便归附努尔哈赤，没有灭国之仇。并且布扬古根本没说过这"爆雷"预言，这雷太扯，引线太长了，天命四年点燃，两百多年后才爆。不如当时诅咒努尔哈赤不孕不育来得痛快直接。

○顺义七年十一月庚戌（927年11月29日），杨溥御文明殿即皇帝位，改元曰乾贞，五代十国的南吴立国。

○宣德二年十一月己亥（1427年11月29日），以皇长子（明英宗朱祁镇）生大赦天下，免明年税粮三之一。

今日极简史

11月30日

记录下今天 的你

淝水之战

太元八年十月乙亥（383 年 11 月 30 日），淝水之战爆发，“诸将及苻坚战于淝水，大破之，俘斩数万计”。

此战诞生了五个成语: 投鞭断流、草木皆兵、风声鹤唳、围棋赌墅、屐齿之折。此中最有趣是“投鞭断流”，有好事者提问：多少条马鞭投到江里才能断流？有好事者应答：长江宽度 716 米，重庆段长江航道约 2.7 米深。为方便计算，设定河道各处深度一样为 2 米且流速为 0，设马鞭直径 3cm，长度 80cm，设马鞭铺成的桥宽度两米，高出江面 10cm，如此，需 4197550 条马鞭。更有趣的是跟帖：马做错了什么？

○景明三年十月庚子（502 年 11 月 30 日），北魏宣武帝元恪亲射，《北史》记载为“远及一里五十步”，《资治通鉴》的记载则是“帝射三百五十余步”。

○大中祥符五年闰十月戊寅（1012 年 11 月 30 日），宋真宗以黄帝生于寿丘（曲阜城东）为由，下诏令将曲阜县改名仙源县，并建造景灵宫以奉祀黄帝。

清 佚名 十二月月令图⑫

今日极简史

12 月

今日极简史

12月1日

娶妻当得阴丽华

记录下今天的你

建武十七年十月辛巳（41年12月1日），汉光武帝刘秀“废皇后郭氏为中山太后，立贵人阴氏为皇后”。

刘秀还是小镇青年的时候，便发誓要娶到镇花阴丽华，“娶妻当得阴丽华”。当皇帝后，自然想立阴丽华为皇后，但他已经有了皇后郭圣通。这位郭女士的家族背景过于强大惹不起，只能隐忍。建武十七年终于时机成熟，历经坎坷的童话爱情得到美满大结局。可怜的是被废掉的郭皇后，刘秀最困难的时候她出钱出力出人，公司上市便被踢出董事会。此事史家多讥其不情，称之为渣男和捞女之间的《爱情买卖》。

○天宝元年十月辛丑（742年12月1日），改骊山为会昌山，仍于秦坑儒之所立祠宇，以祀遭难诸儒。

今日极简史

12月2日

记录下今天 的你

末代皇帝

光绪三十四年十一月辛卯（1908年12月2日），三岁的溥仪于紫禁城太和殿行登基礼。

溥仪在《我的前半生》中说，当时的他坐立不安又哭又闹，其父单膝侧身跪在宝座下面，哄他说：“别哭别哭，快完了，快完了！”后来载沣的女儿替父澄清——当时并没说“快完了”，而是“快好了”。不过，没人信。群众坚持相信“快完了”就是“大清药丸”之预言。画面似曾相识，除了“文武百官三跪九叩”，跟我小时候去医院打针一模一样。

○光启元年十月二十二日癸酉（885年12月2日），五代后唐开国皇帝李存勗出生。

○咸丰十一年十一月乙酉（1861年12月2日），上奉慈安皇太后、慈禧皇太后御养心殿垂帘听政。

今日极简史

12月3日

王国维出生

记录下今天的你

光绪三年十月二十九日（1877年12月3日），王国维出生于浙江海宁。王国维的郁闷在于虽著作颇丰，学问很大，但流传最广、知名度最高的却是自己认为写得最烂的一本书。他晚年对《人间词话》的评语是“深悔少作”。这点我堂哥深以为然，他解读“三境界”为失恋三部曲：一、“独上高楼，望尽天涯路”，意思是思春发情；二、“衣带渐宽终不悔”，意思是追得挺费劲，但还是坚持；三、“蓦然回首，那人却在灯火阑珊处”，意思是没有缘分彻底拉倒了。因此恨恨地说：“这和《怎样做一个深情的备胎》有什么区别？”

○太宁元年十一月癸丑（561年12月3日），北齐武成皇帝高湛即位于南宫。

今日极简史

12月4日

记录下今天的你

羊皇后

永康元年十一月初七（300年12月4日），晋惠帝立羊献容为皇后。

接着，便是“屡废屡立”传奇：因“八王之乱”，永兴元年二月，攻入首都的成都王司马颖废羊献容为庶人；七月，左卫将军陈眕恢复羊献容皇后地位；八月，大将张方再废羊为庶人；十一月，再复皇后；永兴二年四月，张方再废羊为庶人；十一月，又恢复为皇后，数日后又废为庶人；永兴三年，晋惠帝返洛阳，羊献容又复为皇后。因这段时间的颠沛流离居无定所，有人专门为她写了一首歌：皇后大道西又皇后大道东，皇后大道东转皇后大道中……

○天保十年十月癸卯（559年12月4日），北齐废帝高殷即帝位于晋阳宣德殿。

今日极简史

12月5日

范锷乞赏

北宋绍圣二年十一月戊戌（1095年12月5日），转运使范锷觐见宋哲宗，说自己缉拿逃犯工作辛苦，成绩显著，能不能奖励一件三品以上官员穿的那种紫红的章服。

哲宗听完有点困惑：“抓犯人不是你的本职工作吗？”随后越想越气，接着给范锷一个大嘴巴，把他降职了。这位和我女儿小弩一模一样：“爸，你看我写作业呢！爸，你看我写作业呢！爸，你给我买双AJ鞋呗！”

记录下今天的你

○大中六年十月二十一日（852年12月5日），梁太祖朱温出生。
○洪武十年十一月己卯（1377年12月5日），明建文帝朱允炆出生。

记录下今天的你

《旧五代史》

开宝六年四月，宋太祖赵匡胤下诏修《五代史》，开宝七年闰十月甲子（974年12月6日），书成。

这部由薛居正主编的五代史，便是《旧五代史》。因只用了一年时间，所以品质不佳，其后欧阳修再次编撰的《新五代史》为官方钦定的正史。两者区别在于《旧五代史》是素颜，《新五代史》因为欧阳修文采斐然，是美颜。“欧阳修文章远出居正等上，其笔削体例亦特谨严。”好是挺好，但对中学生不友好，其《伶官传序》入选语文教材，“背诵并默写全文”，孰优孰劣，看官自行判断。

○皇建元年十一月辛亥（560年12月6日），孝昭帝高演立妃元氏为皇后，世子百年为皇太子。

○宣统三年十月庚戌（1911年12月6日），监国摄政王载沣奏皇太后，缴监国摄政王章，退归藩邸。

今日极简史

12月7日

杯酒释兵权

记录下今天的你

建隆二年七月赵匡胤“杯酒释兵权”，很多人不知道，这场酒只解决了禁军将领兵权问题，藩镇节度使的兵权还在，因此有了开宝二年十月己亥（969年12月7日）第二次“杯酒释兵权”。当时喝到面红耳赤，赵匡胤对节度使说：“你们带兵在外好辛苦，我惦记你们都睡不着觉。”二愣子们纷纷邀功，掌控全局的赵匡胤直接翻脸：“仗是给后周打的，跟我邀什么功？你不体面，我帮你体面。”次日，这些节度使主动辞职了。不辞职会怎样？查酒驾，开除公职。

○正德十六年十一月丁巳（1521年12月7日），因为平定宁王之乱，王阳明被封为新建伯。

记录下今天 的你

仓央嘉措

康熙三十六年十月壬申（1697年12月8日），仓央嘉措成为六世达赖喇嘛。

好景不长，康熙四十四年，拉藏汗报告，说仓央嘉措不是喝酒，就是谈恋爱，应该废了。于是仓央嘉措就被康熙废了。如今流行的各种仓央嘉措情歌几乎都是张冠李戴："不负如来不负卿"是曾缄的文言改译；"那一世，转山转水转佛塔"出自何训田的《信徒》；至于代表作"你见或不见，我就在那里，不悲不喜"，出自广东诗人谈笑靖2007年发表的《班扎古鲁白玛的沉默》。当然，也可能出自量子物理，"你见或不见，我就在那里"正是描述海森堡测不准原理。

○弘治元年十一月初六（1488年12月8日），明代三才子之首、"滚滚长江东逝水"作者杨慎出生。

今日极简史

12月9日

汲冢书

记录下今天的你

始皇帝焚书坑儒将先秦著作烧个精光，五百年后的西晋咸宁五年十月戊寅（279年12月9日），一个名叫“不準”的汲郡人盗了一座战国时期的魏国古墓。几天后官府赶到现场时，意外发现了一批蝌蚪文竹简，数量巨大，最后竟然装了数十车。这次盗墓乃中国文化界惊天动地的一件大事——与《史记》内容迥异，记录夏、商、周和春秋战国的编年体史书“汲冢书”就此横空出世。

笔者困惑的是，都是挖坟，考古和盗墓有何区别？为此咨询了一个考古系的学生，说了一堆，最后总结：大概是用狗做医学实验和吃狗肉的区别。

○正统十二年十一月初二（1447年12月9日），明宪宗朱见深出生。

今日极简史

12月10日

记录下今天的你

再别康桥

徐志摩第三次欧游归国途中，于海上创作出《再别康桥》。此诗于1928年12月10日发表于《新月》月刊第1卷第10号，诗中的“康桥”就是剑桥大学。

徐志摩的求学经历也算是“满载一船星辉”，他1915年考入上海沪江大学，后转学天津北洋大学，1917年再入北大。1918年转入纽约哥伦比亚大学经济系。1921年再赴英国，以特别生身份入剑桥大学。有趣的是，笔者搜索得知剑桥不止一所，除了英国剑桥，还有美国剑桥，以及，哈尔滨剑桥学院，所以东北版的“鸟悄儿的我走了，正如我蔫巴的来”作者也许真的是他。

○永安元年十月己丑（258年12月10日），吴景帝孙休封其侄孙皓为乌程侯。

○梁承圣二年十一月戊寅（553年12月10日），陈后主陈叔宝生于江陵。

今日极简史

12月11日

曹丕登基

黄初元年十月辛未（220 年 12 月 11 日），汉献帝逊位，曹丕登基，三国时代正式拉开帷幕。

曹魏政府对前领导十分文明礼貌，规定献帝行政级别只在曹丕之下，在自己封地“浊鹿城”里一切保持帝王待遇。献帝之所以能善终，可能因为他与曹丕的关系过于特殊，他是曹丕妹夫，娶了曹丕三个妹妹。而曹丕又是他的女婿，献帝两个女儿都嫁给了曹丕。所以，曹丕是自己岳父的大舅子，献帝是自己大舅子的岳父。对这种人物关系最困惑的是超市门口摇摇车：“妈妈的哥哥叫姥爷，妈妈的爸爸叫舅舅……”嘎，CPU 烧了。

记录下今天的你

○乾隆十九年十月二十八日（1754 年 12 月 11 日），《儒林外史》作者吴敬梓逝世。

今日极简史

12月12日

记录下今天 的你

上学如上坟

乾统五年十一月戊戌（1105年12月12日），辽天祚帝耶律延禧下诏禁商贾之家应进士举。

周灭商，殷商遗民失去了土地，又不能在新王朝从政，只能靠做生意为生，久而久之，生意人便被称为“商人”。“士农工商”，商人地位最低，西汉，商人不许穿丝质服；南北朝的前秦，商人若穿金银锦绣，当众斩首；唐代，商人不能与官员往来，不能得到土地，甚至不许坐马车。不止汉政权，北魏拓跋焘规定商人孩子连上学都不行，一经发现，老师处死，当事人全家抄斩。“上学如上坟”一语，大概由此而来。

○政和五年十一月庚寅（1115年12月12日），高丽向宋朝遣子弟入学。

○泰定三年十一月戊午（1326年12月12日），元朝造中统、至元钞各十万锭。

○正统五年十一月丁巳（1440年12月12日），广西僧杨行祥伪称建文帝，械送京师，锢锦衣卫狱死。

今日极简史

12月13日

记录下今天的你

状元驸马

大中二年十一月庚午（848 年 12 月 13 日），万寿公主适起居郎郑颢。郑颢是会昌二年壬戌科状元，这是中国历史上唯一一次状元与公主联姻。

按世俗期许，这是一桩美好的姻缘，实际上却糟透了。男主角郑颢已有婚约，被迫娶公主，婚后感情极不融洽，郑颢不敢骂公主，更不敢骂老丈人宣宗，一肚子火全发在媒人身上了。这个媒人就是白居易的堂弟宰相白敏中。郑颢疯狂写信揭发白敏中，宣宗足足收到了一抽屉黑材料。白敏中害怕，宣宗说我信任你，老白还是怕。宣宗无奈，建议他改姓黑，叫黑老包，再给一把小铡刀，看驸马还敢闹吗？

○承圣元年十一月丙子（552 年 12 月 13 日），萧绎即皇帝位于江陵。

○天启七年十一月己巳（1627 年 12 月 13 日），魏忠贤上吊自杀。

记录下今天的你

甘露之变

唐文宗是宦官立起来的皇帝，上位后又不甘被宦官控制，便打算诛杀宦官。太和九年十一月，左金吾仗院内的石榴树夜生甘露，为祥瑞之兆。壬戌（835 年 12 月 14 日），文宗叫宦官头目仇士良去看一下，目的是骗至禁卫军后院将其杀掉。怎知仇士良过于狡猾，发现院里有伏兵，旋即爆发激战，最终宦官集团大获全胜，这便是晚唐著名的“甘露之变”。事后一千多人受株连被杀，因此当时官员上班前都和家人辞别，很可能有去无回，说是上朝，更像是上吊。

○顺治元年十一月庚子（1644 年 12 月 14 日），张献忠在成都称帝，建立大西政权。

○宣统三年十月戊午（1911 年 12 月 14 日），清政府皇族内阁奏行爱国公债票。

今日极简史

12月15日

楛矢石砮

记录下今天 的你

南朝宋孝武帝大明三年十一月己巳（459 年 12 月 15 日），肃慎国献楛矢石砮。

《史记·孔子世家》说过一个故事：曾有大雁坠落在陈国，雁身上有支箭，箭的材质很奇怪。陈湣公便派人去问孔子。子曰：“大雁一定是从东北来的，因为这支箭是东北的肃慎国特产，周武王时陈国受赐过这种箭，你去仓库找找。”果然，在仓库里找到了肃慎的“楛矢石砮”。从此，楛矢石砮便成了中国最好的箭矢品牌，肃慎族经常拿这种箭送人，说：“交个朋友吧。”一般都不会拒绝，从西周到春秋、战国、秦、汉、三国、晋、南北朝……总是过来送，绿箭变炫迈，根本停不下来。

○长兴四年十一月戊戌（933 年 12 月 15 日），后唐第二位皇帝李嗣源崩于雍和殿。

○正隆六年十一月乙未（1161 年 12 月 15 日），耶律元宜杀死金海陵王完颜亮，班师回国。

武则天去世

神龙元年十一月壬寅（705 年 12 月 16 日），武则天崩逝，葬于乾陵，留下一座无字碑。

后世分析其碑无字之因，有人认为老太太功高盖世，一块碑写不完；也有人认为老太太坏事做尽，不敢写；还有人说老太太功过相抵，所以空着任人评说。实际上最可能的原因是，她死后政局开始乱套，中宗、韦后、安乐公主、睿宗、李隆基、太平公主轮番上场，各派系对她的态度差异太大，于是碑文一拖再拖，最终烂尾。这一烂尾，倒成就了营销。大家到乾陵都去看无字碑，并跃跃欲试执笔撰文，据导游统计，“到此一游”四字呼声最高，其次为“办证135××××××××”。

○延光四年十一月丁巳（125 年 12 月 16 日），京师及郡国十六处地震。是夜，中黄门孙程等十九个宦官拥立十一岁的刘保即位，是为汉顺帝。

今日极简史

12月17日

洪秀全封王

记录下今天的你

咸丰元年，太平军攻陷永安城，十月二十五日（1851年12月17日），洪秀全发布《封王诏令》分封五王：东王杨秀清、西王萧朝贵、南王冯云山、北王韦昌辉、翼王石达开。

天国早期封王还很克制，1859年洪秀全把族弟洪仁玕封王后，群众情绪开始不稳定，因为洪仁玕连金田起事都没参与。为服众，洪秀全不停封王，先封陈玉成为英王；英王受封，李秀成又不服，又封李秀成为忠王；蒙得恩又不服，再封蒙得恩为赞王；李世贤又不服……于是侍王、辅王、章王、顺王、护王……只要不服就能封王，最后广西来的说“水土不服”，也能封。

○光绪十四年十一月壬戌（1888年12月17日），初置北洋海军提督，以丁汝昌任之。

记录下今天的你

元朝建立

至元八年十一月乙亥（1271 年 12 月 18 日），忽必烈下《建国号诏》。诏书中说，上古的尧国号唐，是“荡”的意思，舜的国号虞，是“乐”的意思，夏与殷，是“大”与“中”之意，都很好，而西周后的秦、汉、隋、唐、宋一类以封地命名的国号，都粗鄙非礼，我要恢复古风，称义而名。于是，“建国号曰大元”。

《易经》说“大哉乾元”，元就是大，大就是元，也可以叫“元元”，所以这个大元国号除了高端大气，又浪漫唯美：二次元。

○景泰四年十一月辛未（1453 年 12 月 18 日），明景帝朱祁钰独子、皇太子朱见济夭折。

○康熙四十七年十一月己卯（1708 年 12 月 18 日），致仕大学士张英卒，予祭葬，谥文端。

今日极简史

12月19日

《授时历》

记录下今天的你

元世祖至元十七年十一月甲子（1280年12月19日），诏颁《授时历》。此前农历以月亮圆缺定月，又引入额外的闰月以协调回归年长度。月亮的公转周期是29.53天，因此传统上无闰月的一年为354天左右。但是这个问题被《授时历》解决了。郭守敬的《授时历》规定365.2425日为一年，与地球绕太阳一周的时差只有26秒，与现行公历《格里高利历》的精确度相当，但比它早出现300年。我一看到“最早”“世界第一次”“比西方早了××年”就骄傲，是的，我这辈子实在没啥拿得出手的。

○淳化四年十一月丁巳（993年12月19日），万安州献六眸兔。

记录下今天 的你

康熙帝驾崩

康熙六十一年十一月甲午（1722年12月20日），康熙驾崩，传位雍正。

笔者幼年在一次联欢会上讲的就是雍正上位的故事，说康熙本打算把皇位“传十四子”，雍正鬼头鬼脑在“十”字上加了一横，成了“传于四子”。我靠这个故事混成了“街道文化小少年”，我叔叔羡慕嫉妒恨，说：“不对。第一，遗诏是满汉双文，满文的‘十’字改成‘于’，不可能；第二，古代汉字的‘于’写成‘於’，没法改；第三，按规矩‘十四子’前面要写‘皇’，所以‘传皇十四子’要是真被改了，就成‘传皇于四子’，不通；第四……”我爷爷“啪”地给了他一个大嘴巴：“就你有文化，跟小孩过不去！”

○统和十三年十一月戊辰（995年12月20日），高丽遣童子十人赴辽学习契丹语。

今日极简史

12月21日

纂修《辽史》

记录下今天的你

金灭辽后曾两次纂修《辽史》。第一次在熙宗皇统年间，但未发行；第二次是金泰和七年十二月壬寅朔（1207年12月21日），金修《辽史》成。

这次编修时间长达18年之久，遗憾的是，还是未能发行。原因出在“国统”上，一般来说，修史意味着承认被修史者的正统性。如果发行，那便是金继承辽的国统，这就有了局限性，还要不要征讨南宋统一全国？因此这套《辽史》也不了了之。如果历史是任人打扮的小姑娘，那么金朝纂修的《辽史》就是蒙面小姑娘，没人知道长什么样。

○嘉祐五年十一月辛亥（1060年12月21日），宋宗仁命司马光与王安石同修起居注。

今日极简史

12月22日

开元盛世

先天二年十二月庚寅朔（713年12月22日），唐玄宗大赦天下，改元为“开元”，语出《汉书》，意思就是开始新纪元。此时玄宗精力旺盛，励精图治，任用贤能，天下大治，成就开元盛世，确实没有辜负这两个字。但是早年的玄宗和晚年的玄宗，几乎就是两个人。开元二十九年正月，函谷关天降一个宝贝灵符，于是第二年将“开元”改为“天宝”。此时玄宗认为功业已就，一生大事都办完了，开始享受，由“大宝天天见”，改为“天天大宝健”，从此君王不早朝。

记录下今天的你

○大德四年十一月壬子（1300年12月22日），元武宗长子元明宗和世㻋出生。

○同治元年十一月庚戌（1862年12月22日），丁宝桢署山东按察使。

今日极简史

12月23日

太牢祭孔

记录下今天的你

元至治三年十一月癸丑(1323年12月23日),以太牢祀孔子。

按《礼记》"天子社稷皆太牢"来看,元政府将孔子视为"天子"级人物对待,很尊重。其级别体现在祭品,天子级别的"太牢"必须用牛、羊、猪三牲(因行祭前先饲养于牢,故称为"牢"),诸侯的"少牢"只有羊、猪。士大夫官僚阶层一般只用猪。至于平民祭祖,不能用肉,以谷麦当牢——麦当牢。前三个级别的共性在于,无论牛、羊、猪,祭祀时必须达到"牺牲"要求——颜色纯正的叫"牺",身体健全的叫"牲"。平民的"麦当牢"自然没那么讲究,一个馒头切两半,中间塞点碎肉和生菜,糊弄下肚子就算了。

○永乐二年十一月己未(1404年12月23日),明成祖朱棣为海津镇赐名"天津"。

○天聪五年闰十一月庚子(1631年12月23日),皇太极下谕,皇族子弟"年十五岁以下、八岁以上,皆令读书"。

今日极简史

12月24日

记录下今天的你

婚娶以礼

大定十七年十二月戊辰（1177年12月24日），金朝决定学习汉人婚俗："男女婚娶多不以礼……诏禁绝之，犯者以奸论。"

古代结婚必须完成纳采、问名、纳吉、纳徵、请期、亲迎"六礼"才算合法婚姻。即便贫苦人家步骤简化，也要有"明媒纳彩"和"正娶亲迎"，否则就是"无媒苟合"，属于通奸。而婚礼的实际情况是，什么相亲故事、浪漫仪式、结婚誓言，来宾完全不感兴趣，他们关心的是菜上得快不快、好不好吃。

○泰常八年十一月己巳（423年12月24日），北魏明元帝拓跋嗣崩于西宫，时年三十二。

○天圣二年十一月乙巳（1024年12月24日），宋仁宗赵祯立皇后郭氏。

今日极简史

12月25日

古代的圣诞节

记录下今天的你

中国古代也有人过圣诞节。5世纪基督教分支“景教”传入中国后，唐朝皇帝对此很有兴趣。李世民曾批准教徒在长安兴建“大秦寺”，唐玄宗也曾邀约景僧做礼拜，讲福音。自然也过圣诞，“大秦景教流行中国碑”记载唐代宗李豫每年圣诞节都会给大秦寺（景教十字寺）赐香和食物。到元朝，忽必烈的母亲和皇后都信景教。贵由登基时，罗马教皇英诺森四世派出使团祝贺。南明永历帝朱由榔从妈到老婆到孩子，全是基督徒，并且也都有外国名。当然，南宋对基督教最有好感，大约是歌词好：“金狗败，金狗败，金狗败了喂。”

○显庆三年十一月甲辰（658年12月25日），开府仪同三司、鄂国公尉迟敬德薨。
○永昌元年十一月丁亥（689年12月25日），武则天将十二个新造汉字颁行天下，其中最著名的便是“曌”。

今日极简史

12月26日

青牛白马

辽统和四年十一月丁亥（12 月 26 日），以青牛白马祭天地。

民俗学有一种解释，古人类认为杀掉图腾，或吃掉图腾，或放生图腾便可获取其内涵的力量。据说这是对图腾的最大尊重。青牛白马便是契丹的图腾。传说契丹先祖骑着白马沿土河而下，一个女子骑着青牛沿潢河而来，在内蒙古赤峰两河交汇处相遇，结为夫妻，繁衍出了契丹八部。两头交通工具就这样成为了图腾。

记录下今天 的你

○乾隆四十一年十一月甲申（1776 年 12 月 26 日），乾隆帝命四库全书馆详核违禁各书，分别改毁。

今日极简史

12月27日

曹植去世

记录下今天的你

太和六年十一月庚寅（232年12月27日），陈思王曹植薨。

曹植去世留下一个谜：《七步诗》的作者是谁？此诗的唯一出处是笔记小说《世说新语》，而正史《三国志》并没有记录此诗，此诗亦未入选曹植诗集，很可能是后人附会。而且两兄弟关系并没有传说中那么糟。曹丕上位后，曹植乖巧得很，曹丕也没有张牙舞爪。曹植封国的监察使多次向曹丕报告曹植违规，曹丕都不管。要真想弄死曹植，早就七步成尸了。退一步讲，曹丕明知曹植才华横溢，七步成诗根本没有任何难度，饭后百步走，便可作诗十四首，一次马拉松下来就能创作出厚达一米的诗集，何必自取其辱？

○弘道元年十二月丁巳（683年12月27日），唐高宗李治驾崩。

○康熙六十一年十一月辛丑（1722年12月27日），爱新觉罗·胤禛登基，是为雍正帝。

记录下今天的你

唐懿宗出生

太和七年十一月十四日（833 年 12 月 28 日），唐宣宗长子、唐懿宗李漼出生。

皇帝出生自然要神化，先说外貌："帝姿貌雄杰，有异稠人。"然后便是老生常谈——媳妇有次误入内室，没看见李漼，只见一条黄龙躺在床上。接着说某年下大雪，别人家房顶积雪几尺，"而帝寝室之上独无，人皆异之"。没有雪，可能是大侠帮着扫的，我们都知道，武林人士都喜欢在房顶上 PK，专门的清雪员就叫西门吹雪。

○统和八年十二月庚戌（990 年 12 月 28 日），辽封李继迁为夏国王。

今日极简史

12月29日

紫禁城骑马

记录下今天的你

道光十八年十一月十三日（1838 年 12 月 29 日），林则徐在日记中记载自己受到道光帝召见，受赏“紫禁城骑马”。

“紫禁城骑马”是一种高级别的政治待遇，早期确实是字面意思，可以在宫里骑马。然而能够得此殊荣的一般都是老人，为安全计，从乾隆五十五年开始，改成乘坐和滑竿类似的两人抬行的“肩舆”“腰舆”，名字依旧叫“紫禁城骑马”。所以道光说：“你不惯乘马，可坐椅子轿。”

○泰和八年十一月丙辰（1208 年 12 月 29 日），金章宗完颜璟病死于福安殿。

今日极简史

12月30日

记录下今天的你

道光祈雪

道光皇帝祈雪有趣，地点一般在现今北海公园的大高殿。可惜这大高殿像小灵通，通话质量奇差，和上帝沟通得并不好，雪就是不下。道光十三年十一月丙戌（1833年12月30日），上诣大高殿祈雪。此后，十四年十二月癸丑，上诣大高殿祈雪；十五年十二月己未，上再诣大高殿祈雪；十六年十二月丁巳，上再诣大高殿祈雪；十八年十一月丁巳，上诣大高殿祈雪；十二月乙亥，上再诣大高殿祈雪……可雪就是不下。众所周知，求雨必须托福雨神萧敬腾，求雪亦是如此，步骤如下：一、把冰箱门打开；二、把萧敬腾放进去；三、把冰箱门合上；四、瑞雪兆丰年。

○宣统三年十一月甲戌（1911年12月30日），各省代表十七人开临时大总统选举会于上海，举临时大总统，立政府于南京，定号曰中华民国。

今日极简史

12月31日

人口普查

记录下今天的你

清初统一天下时，全国人口估算为8000万左右，乾隆五十八年十一月戊午（1793年12月31日），政府统计人口数为“三万七百四十六万有奇”。造成人口增长的主要原因，一是雍正取消了人丁税，隐藏的人口不再瞒报；二是番薯、土豆、玉米等美洲高产农作物的引进，这类农作物就像东北人，到哪里都能生根发芽，全国随处可见。关于番薯的产量，乾隆五十年山东番薯“一亩种数十石，胜种谷二十倍”。在中国人创造性酷刑下，“番薯火刑，土豆凌迟，玉米碎尸”，为中国人口增长起到了重要的作用。

○永贞元年十二月壬寅（805年12月31日），改淳县为清溪县，姓淳于者改姓于。

○顺治七年十二月戊子（1650年12月31日），摄政和硕睿亲王多尔衮薨于喀喇城。